DIREITO DE EMPRESA

ROBERTO NORRIS
Magistrado, Doutor em Direito pela Universidade de São Paulo (USP), e Membro Titular do Instituto Ibero-americano de Direito Público

DIREITO DE EMPRESA

GZ
CONCURSO
Rio de Janeiro
2011

1ª edição – 2011

CIP – Brasil. Catalogação-na-fonte.
Sindicato Nacional dos Editores de Livros, RJ.

N772d

Norris, Roberto, 1964 –
Direito de empresa / Roberto Norris. – 1.ed. – Rio de Janeiro : GZ Ed., 2011.
186p. (Direito para concursos)

Inclui bibliografia
ISBN 978-85-62490-50-7

1. Direito empresarial. I. Título. II. Série.

10-4945.
CDU: 347.7(81)

Travessa do Paço nº 23, salas 609 e 1.208 – Centro
CEP 20010-170 – Rio de Janeiro – RJ
Tels.: (21) 2240-1406 / 2240-1416 – Fax: (21) 2240-1511
www.editoragz.com.br
e-mail: contato@editoragz.com.br

Impresso no Brasil
Printed in Brazil

AGRADECIMENTOS E DEDICATÓRIAS

A Deus, por tudo.

À Roberta, minha filha,
com todo o meu amor.

ÍNDICE SISTEMÁTICO

CAPÍTULO 1

CONCEITO DE EMPRESA

EMPRESA

Derivada etimologicamente do latim *prehensus*, que significa empreender, praticar, a palavra empresa possui, segundo Plácido e Silva, o sentido de empreendimento ou cometimento intentado para a realização de um objetivo, revelando, assim, um dos elementos subjetivos naturais que é o empreendedor, aqui representado como o autor do cometimento empresarial.

Embora muito se observe, na prática, uma enorme confusão entre a empresa e a sociedade (que será objeto de nosso estudo nesta obra), adiantamos em dizer que as duas figuras não podem ser confundidas. Conforme muito bem demonstrado, dentre muitos doutrinadores, por Rubens Requião, a sociedade é constituída para o exercício de uma atividade, enquanto que a empresa corresponde exatamente ao exercício em si dessa atividade.

Relativamente às empresas, e não obstante não se possa afirmar a existência de uma unidade conceitual, podemos dividir o seu estudo na apreciação de quatro perfis que normalmente lhe são atribuídos:

a) a posição subjetiva, segundo a qual a empresa se apresenta como sujeito de direito. Tendo em Endemann e Mommsen os seus principais precursores, segundo os quais o estabelecimento, e não o comerciante, seria o sujeito do comércio, pois possuía, dentre outras coisas, um nome e um crédito, este entendimento doutrinário desenvolveu-se notadamente a partir dos estudos de Michel Despax, para quem a distinção teria a sua justificativa em virtude do fenômeno de dissociação entre a empresa e o empresário, embora não se pudesse, naquela época, afirmar que a empresa possuísse então todos os atributos da personalidade jurídica. Na doutrina brasileira, a teoria da posição subjetiva contou com a adesão de Cesarino Júnior, segundo quem a empresa se manifesta como se fosse uma pessoa jurídica de Direito Social;

b) o sentido funcional, que esposava o entendimento no sentido de que a empresa seria a atividade profissionalmente desenvolvida e organizada para fins de produção e troca de bens e serviços. Segundo Octavio Bueno Magano, o aludida atividade conteria a idéia de continuidade, duração e orientação teleológica, dedicada à produção para o mercado. Essa diretriz foi seguida, na doutrina brasileira, por Oscar Barreto Filho, ao afirmar que, sendo o sujeito de direito o empresário, a empresa corresponderia à atividade por ele organizada, cujo desenvolvimento se dava através de um instrumento adequado que seria o estabelecimento;

c) a teoria objetiva, que defende o entendimento no sentido de que tanto a empresa quanto o estabelecimento em si representam o objeto do direito, cujo titular é sempre o empresário. Na doutrina brasileira, foram muitos os seguidores desta teoria, dentre os quais podemos mencionar Evaristo de Moraes Filho, Orlando Gomes e Elson Gottschalk;

d) a posição institucionalista, que propugna no sentido de que a empresa representa uma instituição, que, ao contrário do que se verifica na hipótese de contratos, escapa aos poderes de seus fundadores, tornando-se, na maioria das vezes, irrevogável. Segundo Maurice Hauriou, os elementos componentes da estrutura de uma instituição estão representados por:

a›) uma idéia de obra a ser realizada em um certo grupo social;

b›) um poder organizado, devidamente colocado à disposição da idéia, de maneira a assegurar a sua realização; e

c›) uma existência de comunhão em torno da idéia a ser desenvolvida, bem como de sua realização.

Em conformidade com a própria idéia de instituição, ao invés de termos, em casos envolvendo empresas, uma relação subjetiva de pessoa a pessoa – o que se verificaria nas hipóteses contratuais –, o que observamos é a existência de relações de natureza objetiva e estatutária, onde a hierarquia funciona como uma espécie de lei das instituições.

Segundo Octavio Bueno Magano, fervoroso defensor desta posição doutrinária, "reside o principal fascínio da teoria da empresa como instituição nesta figuração de ente ideal que se desprende de seu criador e se converte em realidade objetiva, destinada a cumprir, com autonomia, fins que lhe são próprios".

GRUPOS ECONÔMICOS

Conforme menciona Moema Soares de Castro, relativamente às empresas, coexistem pacificamente dois modelos: o antigo, em cuja base encontra-se o empreendedor inteiramente identificado com o próprio empreendimento – hipótese das atuais micro ou empresas de pequeno porte –, e o modelo mais contemporâneo (quanto ao seu surgimento), e que compreende as grandes empresas e os grandes grupos corporativos, onde se observa uma dissociação entre a propriedade ativa e a passiva, com o surgimento, por exemplo, de certas categorias de profissionais, como os managers. Relativamente à dissociação entre a propriedade ativa e a passiva, já se manifestava, sobre isto, Michel Despax, há quase meio século atrás, quando afirmou: "o fenômeno da dissociação pareceu-nos como a clara manifestação da organização na vida jurídica de um novo sujeito de direito, a empresa, que ocupa um lugar ao lado do sujeito de direito tradicional, o empresário".

Em excelente obra dedicada aos grupos, Octavio Bueno Magano lembra a característica multifária dos mesmos, com as seguintes palavras, que passamos a reproduzir: "Os grupos se apresentam com os mais diversos aspectos e com as mais variadas denominações, tendo em vista as circunstâncias de tempo, de lugar e de objetivos condicionantes de sua existência. Alguns grupos possuem arcabouço jurídico e outros não. Entre os primeiros, encontram-se os grupos de sociedades, também chamados Konzerns, os consórcios, os grupos de interesse econômico, os cartéis; os business trusts, as trade associations, as joint ventures; entre os últimos deparam-se as ententes, os corners, os rings, os conglomerados, as multinacionais, os pools. Aqueles denominam-se grupos de direito e estes grupos de fato. Contudo, num sentido mais restrito, chamam-se grupos de direito aos grupos de sociedades e grupos de fato aos demais. Qualquer que seja porém o critério distintivo entre uns e outros, é impossível estudá-los à luz exclusivamente do Direito, já que todos possuem substrato econômico".

Para uma melhor análise do anteriormente afirmado, podemos extrair cada um de seus componentes, que são:

a) os seus participantes, que são as empresas. No entanto, é importante esclarecer o fato de que o termo empresa, onde, por exemplo, a Lei nº 6.404/76 (Lei das Sociedades Anônimas) exige que os participantes sejam sempre sociedades. Não obstante, a jurisprudência vem afirmando que, em muitos casos concretos, a tônica do grupo encontra-se no poder que o comanda e dirige e não na natureza da pessoa detentora da sua titularidade;

b) a autonomia dos participantes, no sentido de que cada um deles possua personalidade jurídica própria, uma vez que corresponde à própria idéia de grupo a sua constituição em unidades autônomas. Assim, não se constituirá em grupo de empresas aquele empreendimento que possua uma matriz e inúmeras filiais, considerando-se que, relativamente a estas últimas, não se pode vislumbrar a indispensável autonomia relativamente à matriz;

c) a relação jurídica entre os participantes, caracterizada pela idéia de dominação ou subordinação, que se dá através da direção, controle ou administração, pela empresa principal, relativamente às suas subordinadas. No que concerne à direção, podemos conceituá-la como o comando que se atribui a alguém, para fins de execução de uma série de atos, ou, ainda, para a administração de um certo negócio. Em outras palavras, representa o poder de dispor sobre todos os fatos, pertinentes à certa gestão, que nela se compreende. Já no que diz respeito ao controle, este representa, conforme a exemplificação apresentada por Claude Champaud, "a possibilidade do exercício de uma influência dominante, de uma empresa sobre outra, podendo-se dizer que controlar uma empresa é subordinar os bens a ela atribuídos à consecução de suas finalidades". Finalmente, e no que se refere à administração, esta encontra-se diretamente relacionada com a direção, uma vez que se apresenta, na maioria dos casos concretos, como mera derivada dos atributos estabelecidos pelo conteúdo da direção;

d) a natureza da atividade, que será sempre de caráter econômico, levando-se em consideração o grupo econômico como um todo. Sendo a natureza econômica um pressuposto do grupo, não cabe, como afirma Amaro Barreto, uma análise da natureza envolvendo cada um dos integrantes daquele grupo, bastando, apenas, que pelo menos uma das empresas integrantes possua a sua natureza econômica; e

e) o objeto da caracterização como grupo econômico, que, *in casu*, se encontra voltado, ainda, à verificação concernente à solidariedade, conforme se manifestou Orlando Gomes, em estudo acerca dos grupos, e cujo entendimento apresenta-se perfeitamente demonstrado em sua obra quando afirma que a técnica da solidariedade entre devedores, em virtude da qual pode o credor exigir de qualquer deles o cumprimento integral da obrigação, liberando os demais, supõe pluralidade de devedores na mesma relação jurídica obrigacional. Para tal, faz-se mister que, conforme já mencionamos em outro Volume, em certos casos de solidariedade não haja devedores (*stricto sensu*) na mesma obrigação, mas sim sujeitos distintos responsáveis perante eventual credor de um deles. Nesta não haveria debitum, senão apenas obligatio, em relação às pretensões do credor na relação jurídica travada com um dos sujeitos do grupo econômico, verificando-se, então, uma pluralidade de responsáveis e não de uma pluralidade de devedores.

CAPÍTULO 2

CARACTERIZAÇÃO E INSCRIÇÃO DO EMPRESÁRIO.

CARACTERIZAÇÃO

O art. 966 do Código Civil, reproduzindo fielmente o que dispõe o art. 2.082 do Código Civil italiano de 1942, conceitua o empresário como aquele que exerce profissionalmente alguma atividade econômica organizada para a produção ou a circulação de bens ou de serviços, enquanto que o seu parágrafo único exclui deste conceito a profissão intelectual, seja científica, literária ou artística, mesmo que se utilizando, para tal, de auxiliares e colaboradores, exceto na hipótese em que tal exercício se constitua em elemento de empresa.

Diante da adoção, a respeito da matéria, e por parte do nosso Código Civil em vigor, das teorias e textos constantes do CC italiano, torna-se importante mencionar que aquele Código estrangeiro, decorrente da unificação formal, naquele país, do direito civil com o comercial, baseou o exercício do comércio na idéia de empresa, e, em vez de caracterizar o comerciante, definiu o empresário nos moldes em que reproduzido pelo art. 966 do CC brasileiro de 2002.

Tratando desse tema, Fran Martins afirmou que, por força do dispositivo ora analisado, se requer, como características das atividades do empresário, a prática habitual das atividades comerciais e o registro obrigatório (sendo este último requisito também exigido pelo CC italiano, nos termos constantes dos seus arts. 2.195 e 2.196).

Analisando o conceito apresentado pelo nosso Código Civil vigente, e na condição de um dos seus elaboradores, Ricardo Fiuza, em seus comentários ao já mencionado art. 966 do CC, afirma que o novo Código, unificando a divisão anterior existente entre empresário civil e empresário comercial, apresentou, em seu conceito, três atributos fundamentais, quais sejam: a economicidade, a organização e a profissionalidade. Apenas à guisa de lembrança, o CC de 1916 estabelecia uma distinção que não mais prevalece: seria mercantil quando a atividade objetivasse o lucro, enquanto que seria civil todas as demais atividades que não perseguissem o lucro como escopo essencial, ainda que obtivesse resultado positivo (sobre este tema também já fizemos uma abordagem em outro Volume).

Analisemos, pois, cada um dos atributos apontados no parágrafo anterior:

a) economicidade – significa que a atividade a ser desenvolvida esteja diretamente ligada à idéia de fator de geração de riquezas;

b) organização – a empresa, enquanto atividade organizada, concentra os fatores de produção, que são o capital, insumos, mão-deobra e tecnologia;

c) profissionalidade – elemento ao qual parte da doutrina, v.g. Sylvio Marcondes, prefere denominar de profissionalismo, este requisito refere-se à habitualidade com que é exercida a atividade, ou seja, a sua reiteração, não podendo, pois, ser eventual.

Rubens Requião, por outro lado, entende pela existência de dois elementos fundamentais para que esteja caracterizada a figura do empresário. Segundo esse autor, seriam a iniciativa (caracterizada pelo fato de que, ainda que fazendo uso da colaboração de outras pessoas, é ao empresário que cabe decidir a estratégia que melhor convenha para a obtenção do sucesso na atividade) e o risco do negócio (que traz a idéia diretamente relacionada com a própria questão etimológica, onde se consubstanciaria a iniciativa arriscada).

Uma distinção, no tema ora tratado, que deve ser feita, refere-se ao fato de que um sócio integrante de uma sociedade empresária – que será objeto de nossa análise ainda neste Volume –, na realidade, e ao contrário do que se possa pensar, não é empresário, não estando, como consequência, sujeito aos direitos e deveres concernentes ao empresário. Após afirmar no mesmo sentido daquele que ora apresentamos, Fábio Ulhoa Coelho assevera ser claro que o direito também disciplina a situação do sócio, garantindo-lhe direitos e imputando-lhe responsabilidades em razão da exploração da atividade empresarial pela sociedade que o mesmo integra nessa condição.

INSCRIÇÃO

A respeito da inscrição, o art. 967 do Código Civil afirma ser obrigatória aquela referente ao empresário no Registro Público de Empresas Mercantis da respectiva sede, antes do início de sua atividade. Ricardo Fiúza, em comentários ao mencionado dispositivo, em posição que vem recebendo grande discordância doutrinária – principalmente diante do que estabelece o art. 1.150 do CC –, afirma que este dispositivo refere-se exclusivamente ao empresário titular de firma individual.

No entanto, o próprio art. 967 do CC tem gerado, por sua falta de clareza, uma série de outras críticas pela doutrina, tais como a formulada por Moema Soares de Castro, no sentido de que a condição de empresário, ao contrário do que pode fazer crer o dispositivo ora analisado, nasce em decorrência do exercício da atividade econômica, e não com o registro, que apenas lhe confere a situação de regularidade de pessoa jurídica. Tanto assim é que as sociedades irregulares, denominadas pelo nosso Código Civil de sociedades em comum – que também serão analisadas nesta obra –, e que desempenham atividade econômica própria de empresário, estarão sujeitas à falência. No entanto, a supramencionada autora apresenta um exemplo de exceção, e que diz respeito ao empresário rural – uma vez que, para este tipo de empresário, o registro é optativo –, onde a sua inscrição na Junta Comercial apresenta natureza de registro constitutivo, nos termos do art. 971 do Código Civil.

Na hipótese da existência de várias agências, sucursais ou filiais, estas também deverão ser inscritas no Registro Público de Empresas Mercantis respectivo, com a prova da inscrição originária. Esta determinação, contida no art. 969, caput, do Código Civil, justifica-se pelo fato de que, nos termos do art. 24, inciso III, da Constituição Federal, o âmbito de atuação de cada Junta Comercial é restrito a determinado Estado da Federação, razão pela qual a inscrição no Estado do Rio de Janeiro, por exemplo, não importará, para os efeitos de um registro, na possibilidade de sua extensão aos outros Estados. No entanto, será sempre obrigatória a averbação, no Registro Público de Empresas Mercantis da sede, da constituição de outros estabelecimentos, ainda que em outros Estados, consoante se verifica na exigência constante do art. 969, parágrafo único, do CC.

ESPÉCIES DE EMPRESÁRIO

Dentro de uma visão bem generalizante, relativamente aos que exercem atividades econômicas na condição de empresários, podemos mencionar duas espécies:

a) o empresário individual – também conhecido como firma mercantil individual, nos termos usados pela Lei n° 8.934/94, este é a pessoa natural, cujos bens pessoais respondem pelas obrigações assumidas. Portanto, temos aqui uma situação em que não há a separação de patrimônios, exatamente porque não existe, igualmente, em razão da existência da "firma individual", uma outra pessoa distinta daquela que a constituiu. O equívoco, que muitas vezes se observa, decorre da interpretação e aplicação da legislação tributária, o que não possui, contudo, o condão de alterar a sua natureza. Segundo menciona Arnaldo Rizzardo, no âmbito do conceito de empresário individual "incluem-se todos aqueles que se estabelecem individualmente para a prestação das atividades econômicas, como empreiteiros, construtores, arquitetos, engenheiros, economistas, médicos, advogados, e, assim, a generalidade dos profissionais liberais"; e

b) a sociedade empresária – esta sim revestida de uma forma societária. A sociedade empresária é a pessoa jurídica – portanto que se diferencia e distingue dos sócios que a compõem, ainda que também sejam outras sociedades empresárias – que possui patrimônio próprio, podendo assumir obrigações e exercitar direitos em nome próprio, além de ser detentora da autonomia necessária para, em virtude de lhe ser possível a atuação, em âmbito de direito material, poder igualmente integrar as relações processuais, tanto na condição de sujeito ativo, quanto na de sujeito passivo de tais relações.

DICA

O requerimento, a ser feito pelo "candidato" a empresário, relativamente à sua inscrição no Registro Público de Empresas Mercantis, ao qual nos referimos diversas vezes neste Capítulo, somente será possível em formulário próprio, documento este aprovado por Instrução Normativa do DNRC, sendo possibilitada a utilização de mandato com poderes específicos para a prática do ato. Para tal, recomendamos acessar o site www.dnrc.gov.br.

CAPÍTULO 3

CAPACIDADE DO EMPRESÁRIO

CONSIDERAÇÕES INICIAIS

Embora a capacidade negocial não seja a mesma coisa que a capacidade civil, na realidade, aquela primeira espécie acompanha os casos relativos à segunda, por força do que dispõe o art. 972 do Código Civil.

Segundo se conclui do dispositivo supramencionado, a *capacidade negocial* pode ser entendida como o fato pelo qual toda pessoa é capaz de exercitar direitos e contrair obrigações no âmbito de atividades empresariais, exceto as que não forem legalmente impedidas.

Assim, por exemplo, poderá o incapaz (normalmente em casos de incapacidade superveniente ao início das suas atividades como empresário), nos termos do art. 974 do CC, ser representado ou assistido, mas se o seu representante for impedido de exercer atividade negocial, nomeará então gerentes, desde que com a aprovação pelo juiz (art. 975 do Código Civil).

IMPEDIMENTOS

Relativamente a esses impedimentos, o Código Comercial de 1850, em seu art. 2°, elencava as suas hipóteses, o que, contudo, se apresentou, no decorrer do Século XX, bastante defasado em virtude do próprio desenvolvimento social. Assim, o novo Código Civil, em seu Livro II que lhe transferiu o disciplinamento do "DIREITO DE EMPRESA," optou, de maneira elogiável, por não elencar tais possibilidades, deixando a sua fixação continuar por conta da legislação extravagante. Segundo as leis extravagantes, não poderão exercer a atividade empresarial, e, portanto não poderão ser empresários:

a) os *servidores públicos civis federais* – art..117, inciso X, da Lei n° 8.112/90, além do contido nos arts. 54, 95, parágrafo único, e 128, § 5º, inciso II, todos eles da Constituição Federal;

b) os *magistrados* – art. 36, incisos I e II, da Lei Complementar n° 35/79 (LOMAN) e art. 95, parágrafo único, inciso I, da Constituição Federal;

c) *militares da ativa das "três armas" e das polícias militares* – art. 29, da Lei n° 6.880/80, art. 204 do Decreto-lei n° 1.001/69 e art. 35 do Decreto-lei n° 1.029/69;

d) *membros do Ministério Público* – art. 44, inciso III, da Lei n° 8.625/93;

e) *corretores de seguros, despachantes aduaneiros e leiloeiros* – Lei n° 6.530/78, Decreto n° 646/92 e Decreto n° 21.891/32;

f) os *cônsules* – exceto os que não recebem remunerações a este título – Decreto n° 3.259/1889;

g) os *médicos* – Lei n° 5.991/73. A este respeito, o art. 98 da Resolução n° 1.246, de 08/01/88, do Conselho Federal de Medicina, disciplinou a matéria, estabelecendo que "é vedado ao médico exercer a profissão com interação ou dependência de farmácia, laboratório farmacêutico, ótica ou qualquer organização destinada à fabricação, manipulação ou comercialização de produtos de prescrição médica de qualquer natureza, exceto quando se tratar de exercício de medicina do trabalho";

h) o *falido enquanto não for reabilitado* – art. 102, da Lei n° 11.101/05, sendo que, para voltar a exercer a atividade empresarial, faz-se mister que se obtenha uma sentença judicial (processo em apenso ao de falência), onde reste declarada a extinção das obrigações que lhe deram causa, seja porque as pagou, total ou integralmente, ou, ainda, pela verificação da respectiva prescrição;

i) as pessoas condenadas na condição de que trata o art. 1.011 do Código Civil.

A proibição, no entanto, não se estende, na maioria dos casos, a sócio comanditário ou acionista de sociedade anônima, por exemplo, desde que não detenha cargo de administração.

A respeito dos *impedimentos*, uma matéria que vem gerando grande discussão doutrinária diz respeito aos assim denominados "servidores públicos *lato sensu*", *v.g.* o Presidente da República, Ministros de Estado, Governadores, Prefeitos, etc... Ricardo Fiúza, por exemplo, entende que, por estarem compreendidos na condição de servidores *lato sensu*, os ocupantes desses cargos não poderão exercer a atividade empresarial. Nesta mesma linha de entendimento, Waldo Fazzio Junior inclui ainda os ocupantes de cargos públicos em comissão.

No entanto, defendendo um posicionamento inverso, sob o argumento de que a proibição constante do Código Comercial não mais existe – inclusive porque a lei poderia tê-lo feito, relativamente aos agentes políticos, mas não o fez, a exemplo do que ocorreu nos arts. 29, IX, e 54, ambos da Constituição Federal –, Ricardo Negrão entende pela total possibilidade de se estabelecerem comercialmente, por exemplo, no que diz respeito aos ocupantes das Chefias do Executivo.

Respeitando o posicionamento de Ricardo Negrão, mormente porque, na prática, o que mais se observa é o exercício desses cargos por empresários, entendemos que a sua argumentação perdeu o seu sentido, por falha no fundamento básico – no que concerne ao fato de serem agentes políticos –, no momento em que se verificam as reiteradas decisões, por parte do Supremo Tribunal Federal, que reconhecem os magistrados como também exercentes de função concernente a agentes políticos, relativamente aos quais a proibição é indiscutível. Mas, também, se pode objetar que, sendo reconhecidos, os juízes, como agentes políticos, o argumento de Negrão ainda seria válido, pois, quanto a estes, existe uma previsão expressa de impedimento. E talvez seja por isto que a matéria ainda deverá ensejar infindáveis discussões.

Importante mencionar ainda que, no que se refere aos membros do Poder Legislativo, estes não estão proibidos de exercer atividade empresarial, salvo se a empresa gozar de favor decorrente de contrato com pessoa jurídica de direito público, ou nela exercer função remunerada, conforme estabelece o art. 54, II, "a", da Constituição Federal. A não observância desta regra poderá importar em perda de mandato.

Os prepostos – que serão objeto de estudo em Unidade específica deste Módulo –, conquanto não estejam proibidos de exercer atividade empresarial, não poderão negociar por conta própria ou de terceiro, nem participar indiretamente de operações do mesmo gênero que lhe foi atribuída, sob pena de ser responsabilizado por perdas e danos, além de serem retidos os lucros da operação, consoante determinado pelo art. 1.170 do Código Civil. E, na hipótese de serem empregados, poderão ser dispensados por justa causa com fulcro no art. 482, "c", da Consolidação das Leis do Trabalho (CLT).

Relativamente aos impedidos, se esses, não obstante o obstáculo legalmente estabelecido para tal, ainda assim exercerem atividades comerciais que não lhes era permitida, além das sanções previstas em cada uma das normas que mencionamos, em termos dos negócios em si realizados, também responderão pela obrigações daí decorrentes (recorde-se, a respeito, o que mencionamos sobre a assunção dos deveres e obrigações decorrentes da prática de atos ilícitos, conforme estudo procedido em nossa obra "Direito das Obrigações e Contratos", publicada por esta mesma editora). Isto além do que também estabelece o art. 47 da Lei das Contravenções Penais.

No que diz respeito ao aludido no parágrafo anterior, é esta, inclusive, a regra estabelecida no art. 973 do Código Civil, quando este determina que "a pessoa legalmente impedida de exercer atividade própria de empresário, se a exercer, responderá pela obrigações contraídas". Como interpretação que vem sendo dada a este dispositivo legal, os atos praticados pelo impedido, e que possam representar obrigações para determinada empresa, ensejarão o comprometimento direto e objetivo do patrimônio particular do "impedido", devendo este responder pelas obrigações que contraiu em nome da sociedade.

DO EMPRESÁRIO CASADO

A respeito do empresário casado, o art. 977 do Código Civil estabelece – com base em entendimento que já vinha consagrado na jurisprudência do Supremo Tribunal Federal –, que será facultado, aos cônjuges, contratar sociedade inclusive entre eles, exceto no caso de terem contraído o matrimônio em regime de comunhão universal (tratada no art. 1.667 do CC) ou separação obrigatória de bens (objeto de seu disciplinamento no art. 1.641 do Código Civil). Assim, em outras palavras, e por exclusão, a contratação somente foi admitida com liberdade no que se refere aos casados pelo regime de comunhão parcial de bens, bem como no que diz respeito aos casados sob o regime de separação de bens onde, neste último caso, não existam questionamentos acerca do cumprimento das formalidades ou da idade avançada relativamente a qualquer dos cônjuges.

Neste aspecto, existem motivos para:

a) elogios à norma – por exemplo, por ter superado uma lacuna, que ensejou grandes discussões jurisprudenciais na vigência do CC anterior (1916), ao permitir expressamente a constituição de sociedade empresária entre marido e mulher; e

b) críticas à norma – pela injustificável restrição no que se refere aos casos de separação obrigatória – não no que diz respeito ao regime universal, pois, em casos que tais, isto seria uma mera ficção jurídica, considerando-se a comunicação entre os bens –, uma vez que os atos, porventura irregularmente ali praticados, poderão ser objeto de impugnação por nulidade ou anulabilidade, nos termos da própria legislação que já estudamos anteriormente. Estas críticas, inclusive, ensejaram a apresentação, em atendimento às ponderações apresentadas por Álvaro Villaça Azevedo, de um projeto de lei (PL n° 6.960/2002), da autoria de Ricardo Fiuza, no sentido de se retirar qualquer restrição a este título.

Ainda no que diz respeito ao empresário (seja o homem ou a mulher) casado, este poderá alienar os imóveis que integrem o patrimônio da empresa – da qual isoladamente, no que diz respeito ao cônjuge, participe – ou gravá-los de ônus real, qualquer que seja o regime de bens, sem a necessidade de qualquer outorga, para tal, pelo seu cônjuge. Esta regra, prevista no art. 978 do Código Civil, e que, parece, em princípio, tratar-se do óbvio – uma vez que os bens pertenceriam, também em princípio, à sociedade –, apresenta-se, contudo, como de relevante importância no que concerne às assim denominadas "firmas individuais".

Finalmente, estabelece o art. 980 do Código Civil, que, no que se refere à decretação ou homologação de separação judicial – o que também, na prática, refere-se ao divórcio –, bem como da reconciliação, a decisão judicial somente será oponível a terceiros, quanto à produção de seus efeitos, a partir do momento em que tiver o seu arquivamento e averbação no Registro Público de Empresas Mercantis. E a necessidade de assim proceder decorre do fato de que a partilha do patrimônio anterior do casal, nos casos de comunhão, seja parcial ou total, importará numa redução do patrimônio dos cônjuges, inclusive, portanto, do que (podendo também serem ambos) exerce atividade empresarial. Não obstante a autonomia da personalidade entre a pessoa natural e as sociedades empresariais, o objetivo desta exigência é, assim, o de precaver a empresa quanto a eventuais implicações da situação e do estado pessoal do empresário junto a terceiros.

Além da hipótese prevista no parágrafo anterior, também devem ser procedidos ao registro, no Registro Público de Empresas Mercantis, os atos referentes a pactos e declarações antenupciais do empresário, o título de doação, herança ou legado, daqueles bens sobre os quais incidam cláusulas de incomunicabilidade ou de inalienabilidade (art. 979 do Código Civil).

DICA

No que concerne à atividade empresarial exercida por estrangeiros, os que forem *residentes* no Brasil poderão exercê-la nos limites que a legislação ordinária porventura estabelecer (*v.g.* nas previsões constantes da Lei n° 10.610/2002). Contudo, e no que diz respeito aos portadores de visto provisório, o art. 98 da Lei n° 6.815/89 estabeleceu as suas vedações.

Porém, não faltam previsões na própria Constituição Federal a respeito, dentre as quais podemos mencionar o disposto nos arts. 176, § 1º, 178, 190, 199, § 3º e 222.

CAPÍTULO 4

SOCIEDADES EM COMUM

RECONHECIMENTO E SOCIEDADES DE FATO

Iniciando o nosso estudo a respeito das sociedades em espécie, trataremos das *sociedades em comum*.

Na classificação das sociedades, costuma-se proceder à diferenciação entre as sociedades empresariais personalizadas e aquelas não-personalizadas. Dentre as não- personalizadas temos as *em comum* e as *em conta de participação* (esta será objeto de estudo em nosso próximo Capítulo).

As sociedades em comum são aquelas que já existem e encontram-se em funcionamento, sem que, contudo, tenham sido cumpridas as exigências formais para o seu reconhecimento como uma sociedade empresarial, uma vez que os seus atos constitutivos não foram arquivados e / ou averbados no Registro Público de Empresas Mercantis ou em cartório do registro civil de pessoas jurídicas. E, por não terem feito o registro, estas sociedades podem até procurar fazer uso de um nome social, ter domicílio certo, atribuir um título ao seu estabelecimento, que, ainda assim, não terão a personalidade jurídica, uma vez que esta decorreria, em casos que tais, do registro ainda por eles não efetuado. Ou, ainda que efetuado, também será sociedade em comum quando este registro estiver irregular, por exemplo, por não ter sido inteiramente cumprido o que determinam, acerca da matéria, os arts. 985 e 1.150, ambos do Código Civil.

Assim, e nos termos do art. 986 do Código Civil, até que se providencie o seu registro regular, estas sociedades serão regidas pelo que estabelecem os artigos 987 a 990 do CC, e, na falta de alguma estipulação específica, haverá de se lhes aplicar, de maneira subsidiária, as disposições relativas às sociedades simples.

Conforme já tivemos a oportunidade de mencionar anteriormente, vem predominando o entendimento doutrinário, no sentido de que a sociedade em comum bem demonstra o fato de que é o exercício da atividade que lhe confere a qualidade de sociedade, ainda que o registro a transforme naquilo a que a doutrina denomina de espécies de sociedades personalizadas. Em outras palavras, é a *execução das suas atividades quem lhe dá a condição de sociedade, enquanto é o registro quem lhe permite a adjetivação de personalizada.*

DIVISÃO

Na forma de um dos Enunciados aprovados na I Jornada de Direito Civil – promovida pelo Centro de Estudos Judiciários do Conselho da Justiça Federal, no Superior Tribunal de Justiça (STJ), no período compreendido entre 11 e 13/09/2002 –, "a sociedade em comum compreende as figuras doutrinárias da sociedade de fato e da irregular". Este entendimento nada mais fez do que ressuscitar, a respeito da matéria, os pensamentos de Carvalho de Mendonça e Waldemar Ferreira, sendo que é da autoria deste último a expressão "*sociedades em comum*" para abranger e demonstrar a comunhão de fundamentos aplicáveis às *sociedades de fato* e às *sociedades irregulares.*

A partir da classificação imortalizada pelos mencionados autores, diversos doutrinadores buscaram apresentar uma distinção entre os dois aludidos tipos de sociedade, diferenciação esta que pode ser sintetizada da seguinte forma:

a) sociedades de fato – as que funcionam sem quaisquer documentos em que baseiem a sua atuação; e

b) sociedades irregulares – estas, embora possuam um contrato escrito, a respeito das quais, portanto, existem os atos constitutivos, deixam de arquivá-lo nos locais apropriados para os fins de seu registro.

Em sentido diverso, mas admitindo a existência dos dois tipos, Fran Martins afirmou que, quer a sociedade tenha os atos constitutivos escritos e não arquivados, quer resulte apenas de atividade comercial em comum, com ânimo societário, teremos sempre uma *sociedade de fato* e não uma *sociedade irregular*. As sociedades irregulares representariam uma situação completamente diferente, como, por exemplo, no caso de uma sociedade em comandita por prazo determinado. Se ultrapassado o prazo, segundo Fran Martins, aí sim nós teríamos uma sociedade irregular. Um outro exemplo, ainda em conformidade com o mencionado autor, estaria representado por uma sociedade que funcione sem possuir os livros obrigatórios, ou, ainda, que não levante o seu balanço anual.

Uma outra divisão foi apresentada por Arnaldo Rizzardo, com base na jurisprudência – *v.g.* no Resp n° 486.027/SP, 3ª T, STJ, j. em 20/11/2003, DJU de 09/12/2003 –, e que corresponderia àquela entre *simples* ou *empresária*. Quanto à esta última, corresponde ao tipo que mais conhecemos, pois delas estamos tratando, e que se refere ao exercício de uma atividade negocial. A questão, a respeito da divisão formulada por Rizzardo, que se apresenta como de maior importância, é a relativa ao tipo *simples*, que, segundo o mencionado autor, se refere às situações bastante comuns, antes da regulamentação da união estável entre homem e mulher, conhecida como "sociedade de fato entre homem e mulher". À guisa de esclarecimento, esta situação ainda perdura, por exemplo, quando não demonstrados os requisitos necessários para a caracterização da união estável entre homem e mulher – ou, ainda, nas relações entre pessoas do mesmo sexo, questão que vem gerando grande número de projetos de lei – e a respeito do qual manifestou-se a ementa do recurso apontado supra. Segundo consta do aludido Recurso Especial, a existência de sociedade de fato pressupõe, necessariamente, em casos que tais, a aquisição de bens durante o relacionamento, para que se possa ter por caracterizado o patrimônio em comum. Se isto não ocorreu durante o período do relacionamento, não existirá, *in casu*, uma sociedade de fato.

CARACTERIZAÇÃO

A principal característica encontra-se no efeito que a constatação da existência de uma sociedade em comum provoca, relativamente aos terceiros: todos os sócios respondem com o seu patrimônio particular pelas obrigações contraídas perante esses terceiros, sendo que, no que diz respeito à eficácia, relativamente a terceiros que tinham, ou deveriam ter, conhecimento sobre a situação real, deverá ser observado o que dispõe o art. 989 do Código Civil.

Aliás, o art. 988 do Código Civil estabelece expressamente que os bens e dívidas sociais constituem patrimônio especial, do qual os sócios são titulares em comum, o que retira, inclusive, a possibilidade de se excluir, a título de se considerar um patrimônio especial, e sob o aspecto de autonomia, qualquer parte do patrimônio dos sócios.

Sobre o tema, Ricardo Fiuza afirma que a sociedade em comum, apesar de não possuir personalidade jurídica, deve compreender a reunião de capitais e bens, por parte de seus sócios, para o exercício da empresa, ainda que de maneira irregular. O que o art. 988 do Código Civil faz é pressupor a existência de um patrimônio próprio, especial e destinado pelos sócios para o atendimento do objeto da sociedade em comum, mas que em nada alterará uma situação real, onde se observe a necessidade de se ir além do patrimônio determinado, uma vez que a responsabilidade dos sócios, em casos que tais, é ilimitada.

Um outro aspecto também relacionado à caracterização das sociedades em comum refere-se à matéria de prova.

Assim, quando se tratar de prova a ser produzida por algum sócio, quer nas relações entre si, quer nas suas relações com terceiros, estas deverão ser sempre por escrito. Por outro lado, assegura-se, aos terceiros, quando deles a prova tiver de originar, que o faça de qualquer modo legítimo. É este o entendimento que se extrai do contido no art. 987 do Código Civil. No entanto, sobre a matéria, não tardaram a surgir as argüições concernentes à inconstitucionalidade que estaria contida no dispositivo supramencionado, sob a argumentação de que o art. 987 do CC, ao fazer a distinção no que concerne à prova, estaria ferindo o que garante o art. 5º, *caput*, da Constituição Federal, assim como o que o mesmo art. 5º da CF estabelece em seu inciso LV.

PRINCIPAIS RESTRIÇÕES

Além das inúmeras dificuldades anteriormente mencionadas, relativamente a quem pretende manter uma *sociedade em comum*, existem outras restrições que também lhe são impostas, até mesmo como um meio de forçar a sua regularização, "personificando-se". Essas restrições podem ser sintetizadas no seguinte rol:

a) vedação ao requerimento de recuperação judicial e extrajudicial, embora elas estejam sujeitas à falência;

b) ausência de legitimidade para requerer a decretação da falência relativamente a outro empresário;

c) inexistência de proteção ao nome empresarial;

d) impossibilidade de ter protegida a marca que venha a adotar para os fins de distinguir os seus produtos ou os seus serviços; e

e) vedação à contratação com a administração pública.

CAPÍTULO 5

AS SOCIEDADES EM CONTA DE PARTICIPAÇÃO

CONCEITUAÇÃO E ESPÉCIES DE SÓCIOS

A exemplo das sociedades em comum, anteriormente estudadas, as sociedades em conta de participação também representam uma espécie de sociedade não-personificada, isto é, relativamente à qual não houve o registro dos seus atos constitutivos. Mas, por outro lado, geralmente se diferencia daquelas *em comum*, pelo fato de que normalmente é constituída mediante contrato social, embora este documento ainda não tenha sido objeto do registro. E, mesmo no caso de registro, há de se atentar para o que dispõe, a este respeito, o art. 993, *caput*, do Código Civil.

Conceitualmente, a sociedade em conta de participação representa, no dizer de Carvalho de Mendonça, aquela que se forma entre pessoas, das quais uma pelo menos deve ser comerciante, para a prática de uma ou mais operações de comércio determinadas, trabalhando um, alguns ou todos os associados em seu nome individual para o lucro em comum.

Dando ênfase, não ao relacionamento da sociedade com terceiros, mas sim ao aspecto *interna corporis* desta espécie societária, Vera Helena de Mello Franco assevera que o traço característico da sociedade em conta de participação reside no fato de a mesma se constituir em uma sociedade interna, apresentando-se no exterior como se o sócio ostensivo exercesse individualmente o comércio.

É no sentido mencionado no parágrafo anterior que o Código Civil, em seu art. 991, parágrafo único, estabelece que somente o sócio *ostensivo* obriga-se perante terceiros, enquanto que os sócios *participantes* – com o CC denominados de *ocultos* – responderão apenas perante o(s) sócio(s) ostensivo(s), e, mesmo assim, nos termos do contrato social.

No que se refere aos seus sócios, percebemos, então, que esta sociedade possui dois tipos deles, a saber:

a) o *sócio ostensivo* – é a pessoa natural ou jurídica que, para todos os efeitos, é quem exerce a atividade constitutiva do objeto social da empresa, assumindo, em seu nome pessoal e sob sua responsabilidade, todas as obrigações contraídas em razão da execução do objeto mercantil a que se destina; e

b) os *sócios ocultos* ou *participantes* – que não aparecem perante os terceiros com quem a sociedade negocie, mas que exercem direitos perante os sócios ostensivos, com quem serão divididos os resultados da atividade empresarial.

A significativa importância do sócio ostensivo pode ser verificada, desde logo, pelo fato de que, por não ter – a sociedade em conta de participação – personalidade jurídica, a mesma não possui nome empresarial reconhecido, seja na forma de denominação ou de firma, uma vez que a sua identificação perante terceiros será sempre feita pelo nome do próprio sócio ostensivo, seja ele pessoa natural ou jurídica.

Importante mencionar que, ainda que somente o sócio ostensivo apareça e assuma os compromissos contraídos pela sociedade, existe uma sociedade. E, em razão disto, todos os sócios participam dos lucros e também no que se refere ao cumprimento dos deveres e obrigações, uma vez que isto se dá, na prática, na proporção da respectiva quota. Isto porque, embora perante terceiros somente seja "visível" o sócio ostensivo, não podemos nos esquecer de que os sócios *ocultos* participam, normalmente com algum capital, para a constituição, ainda que não formal, de um patrimônio destinado à consecução dos objetivos da sociedade, e para fins de fazer frente às necessidades sociais para o desenvolvimento das suas atividades.

Ainda a respeito do capital do sócio oculto, este apresenta-se separado daquele referente ao sócio ostensivo, e, embora não integre o capital da sociedade que se apresenta perante terceiros, gera efeitos entre os sócios, uma vez que representa o montante da participação em si. Acerca deste assunto, o art. 994 do Código Civil estabelece, em seu *caput*, expressamente que "a contribuição do sócio participante constitui, com a do sócio ostensivo, patrimônio especial, objeto da conta de participação relativa aos negócios sociais".

Considera-se uma especialização patrimonial a mencionada afetação, que se dá de maneira específica e exclusiva, de capitais reunidos pelos sócios, onde se forma, unicamente entre eles, um patrimônio próprio destinado exclusivamente para a execução do objeto empresarial da sociedade.

OBJETO DA SOCIEDADE EM CONTA DE PARTICIPAÇÃO

O objeto da sociedade em conta de participação poderá ser o de atividade própria de empresário, de sociedade empresária ou de sociedade simples, dependendo, para tal, de qual seja a atividade do sócio ostensivo. No entanto, o Código Civil não faz qualquer distinção a este respeito.

No que se refere ao objeto em si, bem como à utilização de tal espécie de sociedade, isto encontra-se vinculado a questões diversas, sendo que a mais recente, e talvez principal justificativa para a criação de tais sociedades, diz respeito a questões de natureza tributária. Isto mesmo. Até cerca de vinte anos atrás, a sociedade em conta de participação era muito utilizada como um caminho menos oneroso no que concerne à tributação do imposto de renda pelos fundos de financiamentos, mantidos pelas sociedades financeiras ou de investimento. Até aquela época, as sociedades financeiras ou de investimentos apresentavam-se comumente como sócias ostensivas e atuavam como administradoras dos interesses de diversos fundos, para o qual se remuneravam por intermédio de uma cobrança de taxa anual na base de 6%, enquanto os diversos investidores subscreviam, na condição de "participantes" (é assim que o Código Civil denomina os sócios *ocultos*), as respectivas cotas (e não contas!) de participação. Este período, em que muitos se beneficiaram da ausência de norma reguladora de tributação à espécie, encerrou-se com o advento do Decreto-lei n° 2.303, de 21/11/86.

O que mencionamos no parágrafo anterior, em princípio, retirou o ímpeto com que se formavam, naquela época, sociedades em conta de participação. Contudo, inúmeras outras situações – e aqui estamos nos referindo a hipóteses lícitas, uma vez que a mesma poderá ser utilizada, por exemplo e também, para investimentos de quantias obtidas por meios ilegais –, *v.g.* quando diante da necessidade de maiores aportes de capital, em certas importações, fazem com que esta espécie ainda seja bastante utilizada na prática negocial.

CARACTERÍSTICAS DA SOCIEDADE EM CONTA DE PARTICIPAÇÃO

Pelo que já foi exposto nos tópicos anteriores, bem como pela leitura dos artigos pertinentes no Código Civil, pode-se apresentar as seguintes características no que concerne às sociedades por conta de participação:

a) não possui razão social ou firma;

b) não tem personalidade jurídica, seja perante os seus sócios e / ou perante terceiros;

c) não possui titularidade comercial, patrimonial ou processual típicas das pessoas jurídicas;

d) não pode requerer ou sofrer falência;

e) a sua liquidação dar-se-á na forma prevista para a prestação de contas, regida pelo Código de Processo Civil em seus arts. 914 a 919; e

f) não se constitui em sociedade irregular ou de fato (estas referem-se às sociedades em comum, estudadas na Unidade anterior).

SOCIEDADE EM CONTA DE PARTICIPAÇÃO E FALÊNCIA

Conforme já pudemos observar em tópico anterior, as sociedades em conta de participação não estão sujeitas à falência. Isto, contudo, não significa dizer que estejam imunes à mesma, como, por exemplo, no caso de falência de seus sócios. Desta maneira, procederemos à análise, quanto aos seus efeitos, da falência verificada no que concerne aos sócios que participam dessas sociedades.

A) FALÊNCIA DO SÓCIO OSTENSIVO

Consoante menciona Moema de Castro, o sócio ostensivo, por ser um empresário individual ou uma sociedade empresária, é quem poderá incidir em processo falimentar, o que naturalmente acarreta a dissolução da sociedade, com a conseqüente liquidação da conta. E, ainda nos termos do art. 994, § 2º, do Código Civil, em existindo algum saldo, conforme o caso concretamente analisado, este constituir-se-á em crédito quirografário, podendo, se for o caso, o sócio participante ou oculto habilitar-se, nesta condição de quirografário, no processo falimentar que esteja tramitando relativamente ao sócio ostensivo.

B) FALÊNCIA DO SÓCIO PARTICIPANTE OU OCULTO

Diferentemente serão os efeitos em caso de se verificar, em uma dada situação concreta, a falência daquele que vinha atuando como um sócio oculto de uma certa sociedade em conta de participação.

Nos termos estabelecidos pelo art. 994, §3º, do Código Civil, a sociedade não se dissolverá, aplicando-se, em casos que tais, as regras concernentes aos contratos bilaterais. Assim, e ainda relativamente à esta hipótese, o art. 43 do Decreto-lei n° 7.661/45 já dispunha que o síndico deverá decidir se a massa falida permanecerá, ou não, participando da sociedade em conta de participação até um momento posterior. Este mesmo síndico poderá, por outro lado, decidir pela execução do contrato, quando então os créditos entrarão, com os seus respectivos saldos, para a massa falida. Nesta situação, e inexistindo outros sócios ocultos, a sociedade se desfaz nos termos do art. 1.033, inciso IV, do CC, por aplicação subsidiária autorizada pelo art. 996, *caput*, do Código Civil.

Importante observar que, se existirem outros sócios ocultos, a sociedade poderá ter normal continuação a respeito desses outros participantes, conforme lhe faculta o art. 1.030, parágrafo único, do próprio Código Civil, também por aplicação subsidiária autorizada pelo art. 996, *caput*, do CC.

CAPÍTULO 6

“SOCIEDADES SIMPLES”

CONSIDERAÇÕES INICIAIS

Em Capítulos anteriores, tivemos a oportunidade de analisar as sociedades denominadas como não-personificadas, que, como a própria classificação mencionada aponta, não tinham registrados corretamente os seus atos constitutivos. Quanto à sociedade em comum, porque este fato constitui-se em sua própria essência, e, no que se refere às sociedades por conta de participação, porque o registro do seu contrato social iria caracterizar, a partir daquele ato, uma das espécies de sociedades personificadas.

Neste Capítulo, bem como em alguns dos que lhe seguem, analisaremos alguns dos tipos de sociedades personificadas, portanto estaremos tratando daquelas reconhecidas, pela legislação civil, como detentoras de personalidade jurídica.

E, como detentoras de personalidade jurídica que são, as sociedades personificadas gozam das seguintes *titularidades*:

a) *negocial* – poderão, em nome próprio, desenvolver a sua atividade, celebrando, para tal, os negócios jurídicos necessários ao seu desenvolvimento;

b) *patrimonial* – possuem patrimônio próprio, e com ele é que responderão pelas obrigações que contraírem na consecução de seus negócios. Este patrimônio, até mesmo em decorrência da sua personalidade jurídica, apresenta-se distinto daqueles relativos aos seus sócios. Isto não significa, conforme verificamos inclusive a respeito da *disregard doctrine*, que o patrimônio dos sócios não possa ser utilizado para cumprimento das obrigações assumidas, mas, em casos que tais, ainda caberá o “benefício de ordem”, nos termos do art. 1.024 do Código Civil; e

c) *processual* – já que a própria sociedade poderá, nos termos em que estabelecido pelo art. 12, inciso VII, do Código de Processo Civil, defender seus direitos e interesses próprios em juízo, bem como ser acionada relativamente aos seus deveres e obrigações.

A sociedade personificada, de que ora trataremos, diz respeito às *sociedades simples*, espécie que foi inicialmente tratada por um Código de Obrigações suíço, e, posteriormente, teve o seu disciplinamento no Código Civil italiano de 1942. Contudo, e relativamente aos ordenamentos supramencionados, o Código Civil brasileiro de 2002 veio disciplinar a matéria com contornos e características bem distintas daquelas apresentadas pelas legislações dos dois países indicados.

Conforme mencionado por Moema de Castro, a função mais distintiva da *sociedade simples* reside no fato de que, além do tipo societário e de modelo geral, esta é uma categoria de sociedades. E, como categoria de sociedades que é, segundo essa autora, as sociedades simples normalmente são definidas pelo critério de exclusão. Assim, serão aquelas que não têm por objeto o exercício de atividade própria de empresário, sujeito a registro.

Segundo, ainda, um outro entendimento que obteve grande aceitação doutrinária, a caracterização da *sociedade simples* corresponde, mais ou menos, à antiga idéia de sociedade civil prevista no Código Civil anterior. Segundo Arnaldo Rizzardo, mesmo as sociedades constituídas para o desempenho de atividades econômicas, em especial as de prestação de serviços decorrentes da atividade intelectual, e desde que não sejam possuidoras de grandes capitais, ou uma ampla estrutura organizacional, estariam enquadradas como *simples*.

AS SOCIEDADES SIMPLES NO NOVO CÓDIGO CIVIL

O novo Código Civil decidiu por disciplinar, em seus artigos 997 a 1.038, as *sociedades simples*, às quais Fran Martins conceituou como sendo "aquela constituída por duas ou mais pessoas, mediante escrito particular, ou público, de finalidade não-empresarial, caracteristicamente de pessoas, podendo destinar-se à determinada atividade profissional, ou ser supletivamente adotada por outro modelo societário".

Cuidando de espécie que envolve clássico modelo societário, nesta sociedade pode-se observar, facilmente, a presença da *affectio societatis* e a perfeita equalização do *status socii*.

A sua personalidade jurídica resta demonstrada pelo registro dos seus atos junto ao cartório responsável pelo Registro Civil das Pessoas Jurídicas.

Na opinião de Sérgio Campinho, a sociedade simples compreende atividades econômicas específicas, cujo objeto lhe é reservado pelo próprio ordenamento jurídico positivo. Ainda segundo esse autor, é por isto que algumas das antigas sociedades civis com fins econômicos enquadram-se como sociedades simples, enquanto que outras, anteriormente consideradas civis, apresentam-se atualmente como sociedades empresárias, como, por exemplo, as agências de viagem e as administradoras de imóveis.

Ainda nesta tentativa de distinção entre sociedade simples e sociedade empresária, Arnaldo Rizzardo afirma que, no que se refere à sociedade simples, mesmo que esta seja titular de patrimônio e de uma renda, a mesma não possui como finalidade o desempenho de atividades que lhe tragam rendimentos ou lucros. No rol de tais sociedades, encontram-se as diversas hipóteses relativas àquelas que cuidam dos interesses de determinada classe ou profissão.

Atento a isto é que o art. 966, parágrafo único, do Código Civil, exclui as situações que já mencionamos em Capítulos anteriores deste mesmo Volume. A sua expressão final "elemento de empresa", para que seja melhor e mais adequadamente compreendida, requer uma interpretação a ser dada com a necessária conotação economicista. Assim, diversos doutrinadores, *v.g.* Rubia Carneiro Neves, afirmam que deverão estar presentes, para uma melhor distinção, dois pressupostos, que, quando verificados, consubstanciarão o elemento de empresa – e que, por conseguinte, retiraria a possibilidade de se constatar, em um determinado caso concreto, a existência de uma sociedade simples –, e que poderiam ser resumidos assim:

a) a *autonomia administrativa* , onde, segundo Giuseppe Valeri, a empresa se distinguiria, sob este aspecto, dos departamentos mercantis e dos órgãos dependentes; e

b) *repetição dos atos empresariais, em série orgânica*, que se caracterizaria, nos termos dos esclarecimentos apresentados por Ruy Souza, como a continuidade da ação orgânica, com a repetição dos atos em série, expulsando do quadro da empresa os atos isolados e dando-lhe o caráter de profissionalidade, que irá localizar-se no empresário, autor e responsável pelos atos repetitivos e seriados, e não na empresa, que nada mais é do que o núcleo do direito.

Em que pese a grande aceitação doutrinária quanto ao posicionamento que informamos acima, entendemos que o mesmo carece de simplicidade em sua exposição. Poder-se-ia, por exemplo, limitar a explanação ao fato de que, se não for constatada a exploração empresarial de certa atividade, ou, ainda, se a atividade econômica não se apresentar de maneira organizada, estaremos tratando aí de uma *sociedade simples*.

O que se torna de crucial importância, ainda, a respeito da matéria sobre a distinção entre as simples e as empresárias, e que, portanto, não se pode deixar de levar em consideração, é o fato de que a aludida distinção não ocorre mais levando-se em conta o objeto social estabelecido, mas sim a forma com que a atividade é concretamente exercida. José Edwaldo Tavares, por exemplo, defende que o trabalho intelectual seria um elemento de empresa quando representasse um mero componente, às vezes o mais importante, de produto ou serviço que está sendo disponibilizado pelo empresa, mas não esse produto ou serviço em si mesmo. Ou, como bem exemplificado por Wille Duarte Costa, quando o profissional liberal utilizar predominantemente o conhecimento que adquiriu, com o passar do tempo, em seus estudos, durante toda a sua formação acadêmica e cultural. Nestes casos, sabe-se perfeitamente que o profissional liberal – seja um médico, advogado, engenheiro ou exercente de qualquer outra atividade assim considerada – não transfere ao cliente esses seus conhecimentos, mas sim os resultados daí provenientes em uma situação concreta.

Encerramos, assim, a primeira parte do nosso estudo a respeito das *sociedades simples*. Deixamos para o próximo Capítulo a continuação da análise sobre esta espécie de sociedade personificada, onde trataremos das exigências relativamente ao seu contrato social – situação que também se verificará em outras sociedades personificadas, quanto às mesmas matérias que analisaremos no Capítulo seguinte, daí a sua significativa importância –, tema que se reveste ainda de maior importância a partir do instante em que o art. 1º, § 2º , da Lei nº 8.904/94 (Estatuto da Advocacia), estabelece a obrigatoriedade de *visto*, por parte de advogado, na confecção do aludido contrato.

DICA

É nesta espécie contratual – sociedade simples – que é tratada, pelo legislador, a tão conhecida questão relativa às assim denominadas "sociedades leoninas", onde, por exemplo, no dizer popular, alguém "empresta o nome para a sociedade", enquanto que se atribui a um único sócio (o outro, logicamente) a totalidade dos lucros, permanecendo, quanto àquele, a "socialização das perdas". Enquanto que, na vigência do CC de 1916, a conseqüência de sua verificação importava em uma inflexível nulidade, no atual Código Civil de 2002 a sociedade não é declarada nula, mas esta nulidade apenas é aplicada à estipulação contratual que estabelecer tais condições. Isto é o que se depreende do disposto no art. 1.008 do atual Código Civil.

No que concerne à expressão "leonina", esta decorre de uma alusão à fábula de Fedro, segundo a qual o leão excluiu, quando da partilha dos despojos da caça para a qual todos tinham participado, a vaca, a cabra e a ovelha.

CAPÍTULO 7

AS "SOCIEDADES SIMPLES", NO QUE DIZ RESPEITO ÀS CLÁUSULAS QUE DEVERÃO ESTAR INSERIDAS EM SEU CONTRATO SOCIAL

CONSIDERAÇÕES INICIAIS: CLÁUSULAS CONTRATUAIS ESSENCIAIS

Conforme mencionamos ao final do capítulo anterior, neste Capítulo 07 trataremos das questões que dizem respeito especificamente ao contrato social e às suas cláusulas, aspecto que se reveste de especial importância, dentre outros motivos, pelo contido no art. 1º, § 2º, da Lei nº 8.906/94.

Antes de entrarmos diretamente neste assunto, contudo, faz-se mister uma pequena abordagem no que concerne aos *elementos específicos dos contratos societários*, e que podem ser assim resumidos:

a) *pluralidade de pessoas* (sócios) – não sendo possível, em casos que tais, falar-se em sociedade unipessoal. No entanto, o nosso ordenamento positivo admite exceções, representadas pela subsidiária integral e a unipessoalidade temporária, quando, neste último caso, deverá ser observado, para a sua regularização, o prazo estabelecido no art. 1.033, inciso IV, do Código Civil. A respeito do mencionado dispositivo, deve ser lembrado que, por força de alteração introduzida pelo art. 10 da Lei Complementar nº 128, de 19/12/2008, o parágrafo único introduzido no art. 1.033 do Código Civil estabelece que "não se aplica o disposto no inciso IV caso o sócio remanescente, inclusive na hipótese de concentração de todas as cotas da sociedade sob sua titularidade, requeira no Registro Público de Empresas Mercantis a transformação do registro da sociedade para empresário individual, observado, no que couber, o disposto nos arts. 1.113 a 1.115 deste Código";

b) *constituição de capital* – capital este que irá proporcionar os necessários meios monetários para os atos incipientes, bem como para o desenvolvimento das atividades socialmente previstas. A sua importância ainda se verifica pelo fato de que também servirá como referencial, *v.g.* para os fins de distribuição de lucros;

c) *a affectio societatis* – caracteriza-se com a intenção ou vontade de constituir uma sociedade, correspondendo, assim, à idéia de uma colaboração ativa entre os sócios. Compõe-se de dois elementos: fidelidade e confiança. Ao tratar do tema, Carlos Antônio G. Leite Júnior menciona ser indispensável, para a sua constatação, a "identidade de interesses, a cooperação econômica, na frase de Ripert, ou a vontade da colaboração ativa dos sócios, na expressão de Thaler, tendo estes sempre em vista o fim comum, a realização de um enriquecimento pelo concurso dos seus capitais e da sua atividade";

d) *participação nos lucros e nas perdas* – mas com uma finalidade sempre voltada ao elemento "lucro". Observe-se, a respeito da matéria, o que dispõe, por exemplo, o art. 1.008 do Código Civil. Isto não significa que não seja possível uma distribuição diferencial dos lucros entre os sócios, desde que isto esteja claramente previsto no contrato social, e, ainda assim, não podendo ir de encontro à norma expressa no ordenamento jurídico vigente.

Feitas estas observações iniciais, tratemos, pois, da matéria relativa ao contrato social.

DO CONTRATO SOCIAL

Os requisitos indispensáveis ao contrato social das *sociedades simples* encontram-se abstratamente previstos no art. 997 do Código Civil. Desta maneira, a sociedade simples poderá ser constituída por contrato particular ou por escritura pública. O que importa é que contenha as cláusulas essenciais previstas nos oito incisos que fazem parte do mencionado art. 997 do CC.

A) INDIVIDUAÇÃO E QUALIFICAÇÃO DOS SÓCIOS

Neste caso, torna-se de fundamental importância que os sócios sejam, não apenas individuados, mas sim *integralmente* individuados no contrato social. Em outras palavras, deve-se procurar apresentar a qualificação dos sócios de maneira a ser a mais completa possível, *v.g.* nos casos de pessoas naturais, onde, além dos nomes, datas e locais de nascimento, profissões, nacionalidades, estado civil e domicílios, por exemplo, deverão também ser objeto de informação o número dos documentos de identidade (aí estando compreendidas, dentre outras, a Carteira de Identidade, Carteira de Trabalho, Carteira de Motorista, etc...), número de inscrição no CPF/MF, e qualquer outro cadastro que ajude na melhor identificação do sócio.

Quando se tratar de sócio pessoa jurídica, além dos dados referentes à denominação ou nome empresarial, nacionalidade, sede e número em que se encontra inscrita, por exemplo, junto ao CNPJ/MF, também deverão ser claras e completas as informações pertinentes aos seus sócios.

Se estiver fazendo parte da sociedade algum estrangeiro, da mesma maneira deve-se procurar informar os seus dados de uma forma completa, *v.g.* além de alguns dados já elencados no primeiro parágrafo deste tópico, também outros que se fizerem necessários, tais como de documentos do país de origem, porventura exigidos para estrangeiros no Brasil, a nomeação bem qualificada de um representante legal quando residente no exterior, etc...

B) NOME EMPRESARIAL

Para que possa existir, e como decorrência da própria personalidade jurídica de que é detentora, toda sociedade personificada deverá conter um nome, uma denominação social, para que possa, com isto, ser possuidora de uma individualidade relativamente às demais sociedades.

Do exposto nos arts. 997, inciso II, e 1.155, *caput*, ambos do Código Civil, podemos chegar à conclusão de que, no que se refere às sociedades simples, estas farão uso de uma *denominação social*, e que se dará em conformidade com a sua constituição.

Arnaldo Rizzardo, contudo, entende que a mesma também poderá fazer uso de razão social – embora o novo Código Civil não tenha feito, a respeito, especial referência permitindo este uso –, mencionando, em favor de sua argumentação, o disposto no art. 1.157 do Código Civil, e exemplificando com o caso de a sociedade simples conter sócio que responda subsidiária e ilimitadamente pelas obrigações da sociedade. Este entendimento, contudo, não é pacífico entre outros doutrinadores de escol, que preferem se ater à letra expressa do art. 997, II, do CC.

O *nome empresarial* será objeto de análise específica no capítulo 28 deste livro.

C) OBJETO SOCIAL

É com a indispensável menção em seu objeto social que a sociedade expressa o que será o conteúdo da atividade que a mesma pretende desenvolver, ou também a atividade econômica que leva aquela sociedade a se constituir, ou, ainda, a atividade em torno da qual deve se realizar e desenvolver a sua vida social, a sua própria razão de existir.

O que importa, na realidade, é que este objeto seja apresentado de maneira clara e específica, não se permitindo uma formulação genérica, do tipo "prestação de serviços em geral". Esta clareza é que possibilitará, por exemplo, o seu enquadramento sindical, a qualificação de sua atividade como lícita, bem como que os seus produtos sejam comercializáveis em determinadas condições.

A exemplo do que já vimos quando do estudo da Parte Geral do Código Civil, o objeto não poderá ser ilícito, contrário à moral e aos bons costumes, à ordem pública, etc...

Existe, ainda, uma discussão sobre a possibilidade de uso de termos em idiomas diversos do português. Álvaro Peixoto, por exemplo, entende pela proibição, ressalvada apenas a possibilidade do uso quando não houver termo correspondente na língua portuguesa. Considerando-se a grande variedade de atividades possíveis, bem como o fato de que, ainda que exista um termo ou expressão semelhante em português, pode ser que esta última não seja plenamente adequada para expressar rigorosamente a mesma coisa, entendemos pela possibilidade de se utilizar palavra em outros idiomas, independentemente de ser traduzível para o português, desde que se trate de termos que possuam perfeita compreensão e uso corrente naquele ramo de atividade.

D) DA SEDE

Sobre a sede já fizemos rápida menção na letra "A" anterior. Além disso, também a ela já nos referimos quando do estudo, em outra obra nossa, a respeito dos domicílios das pessoas jurídicas.

Assim, reportamos-nos ao que já foi escrito a respeito naquela Unidade, fazendo menção, por oportuna, ao disposto principalmente no art. 75 do Código Civil, bem como ao fato de que qualquer alteração verificada, quanto à matéria, deverá ser levada a registro na Junta Comercial, além de outros órgãos competentes para o caso específico da sociedade.

E) PRAZO

Além da denominação, objeto e sede, o art. 997, inciso II, do Código Civil faz, ainda, expressa referência ao prazo de duração da sociedade. Assim, e embora normalmente se estabeleça por um prazo indeterminado, será possível a fixação de um prazo determinado quando o objeto da sociedade disser respeito, por exemplo, à efetivação de uma pesquisa, realização de um empreendimento, ou seja, quando a mesma for constituída para uma determinada finalidade, quando, após encerrada esta, dar-se-á a sua extinção como sociedade.

F) CAPITAL SOCIAL

O capital social encontra-se caracterizado pelo valor que os sócios se comprometeram e aportaram em favor da sociedade, para que a mesma possa cumprir as suas finalidades previstas no objeto social. Segundo dispõe o art. 997, inciso III, do Código Civil, o capital pode ser expresso em moeda corrente ou bens que possam ser avaliados pecuniariamente (quando esses bens forem imóveis, há de se observar o que estabelece a Lei n° 6.015/73, bem como a exigência fixada pelo art. 98, §3°, da Lei n° 6.404/76, que se vem entendendo de se dar aplicação subsidiária nestes casos).

Esse capital é dividido em quotas (ou cotas) de valor igual, que são subscritas pelos sócios, e que entrarão e passarão a se constituir em parte do patrimônio social quando da sua integralização, isto é, quando o sócio retirá-lo do seu patrimônio próprio, transferindo-o em favor daquele referente à sociedade.

Contudo, a menção ao capital, de que trata a norma supramencionada, é vista por muitos doutrinadores como uma mera faculdade, diante da omissão a respeito no que dispõe o art. 46 do Código Civil (art. 19 do CC anterior), quando este se refere ao registro.

G) CONTRIBUIÇÃO DOS SÓCIOS

Pode ocorrer, em determinados casos específicos, que parte do que vai se constituir no patrimônio da empresa seja derivado da qualificação de algum, ou alguns, de seus sócios, *v.g.* quando o que interessa relativamente a um deles seja o *know-how*, o conhecimento, as capacidades relativas a determinado serviço que ele lhe vai prestar. Trata-se, assim, de uma situação que a própria legislação admite, e que envolve os casos em que o tipo de participação de um só não será nem com bens avaliáveis pecuniariamente, nem com a entrega de certa quantia em dinheiro.

Não sendo possível a estimativa econômica do que representa ter um sócio com uma técnica reconhecida, ou que possua uma larga experiência em determinado setor – por exemplo, um *expert* em corretagem ou informática, um cientista, um advogado com largo conhecimento de uma determinada área ou de um grande número de possíveis clientes em certa classe social de pessoas –, proceder-se-á ao seu ingresso na sociedade sem que se necessite do aporte de capital, ou, ainda, sem que se torne mister, para tal, a estimativa em quotas.

H) ADMINISTRAÇÃO

Considerando-se que, nos termos do art. 1.016 do Código Civil, "os administradores respondem solidariamente perante a sociedade e os terceiros prejudicados, por culpa do desempenho de suas funções", faz-se mister, por força do que também estabelece o art. 997, VI, do CC, que sejam indicados os nomes dos gerentes ou administradores da sociedade, com os poderes discriminados de maneira clara e objetiva, bem como a expressa vedação de determinados atos que importem em onerar a sociedade. Discriminadas as funções no contrato social, estas deverão ser fielmente cumpridas, uma vez que o excesso ou o abuso dos poderes recebidos ensejará a possibilidade, por parte de quem sofreu danos com isto, do ajuizamento de ação por perdas e danos, além de eventuais processos de ordem criminal, dependendo do ato praticado.

Tratando do tema, bem como do que restou estabelecido no art. 1.011, §1º, do Código Civil, Rubia Carneiro Neves lembra sobre a permissão de que pessoas estranhas ao quadro social possam assumir a administração da sociedade. As situações ali previstas referem-se, é bom lembrar, à proibição para administrar, o que, contudo, não impede a participação como meros sócios sem poderes de administração.

I) PARTICIPAÇÃO NOS LUCROS E NAS PERDAS

A participação nos lucros e nas perdas é apurada ao final de cada exercício, fazendo-se a sua divisão, em regra (pois temos a situação prevista, quanto às perdas, no art. 1.007 do CC, ou, ainda, as situações em que não tenha havido aporte de capital – letra "G anterior), na mesma proporção ao número de quotas de cada um dos sócios, sendo nula qualquer estipulação que exclua algum sócio desta participação, consoante estabelece o art. 1.008 do Código Civil.

J) RESPONSABILIDADE SUBSIDIÁRIA DOS SÓCIOS

No que concerne à responsabilidade dos sócios, o contrato social poderá estabelecer uma regra específica a valer entre os mesmos, uma vez que, quanto a terceiros, há de se aplicar as regras legais.

Normalmente, decorre da própria forma adotada pela sociedade a extensão da responsabilidade dos seus sócios. Como regra, cada sócio responderá até a sua quota, quando aquilo que foi subscrito estiver todo ele integralizado. Quando isto não ocorrer – isto é, quando se verificar, por exemplo, um capital subscrito de 100, enquanto foi integralizado apenas o equivalente a 50 –, manter-se-á a sua responsabilidade subsidiária no que se refere ao comprometimento do seu patrimônio pessoal.

CAPÍTULO 8

SOCIEDADE EM NOME COLETIVO

INTRODUÇÃO

A sociedade em nome coletivo era anteriormente disciplinada pelos arts. 315 e 316 do Código Comercial de 1850, onde o art. 315, que a denominava também de sociedade com firma, estatuía a necessidade de pelo menos um dos seus sócios ser comerciante, argumentação não mais válida, uma vez que se sabe que empresária é a sociedade analisada e não necessariamente o seu sócio.

Segundo Fran Martins, trata-se – a sociedade em nome coletivo – de uma espécie que se encontra em desuso, uma vez que nos encontramos na época dos grandes conglomerados. E, como prova de sua argumentação, a edição de 2007 do seu "*Curso de direito comercial*" continua a informar que, na jurisprudência, em todo o século passado, somente se teria um registro, e que dizia respeito a uma decisão de 1975 sobre a dissolução de uma sociedade entre os irmãos Spengler.

Defendendo o mesmo entendimento, Arnaldo Rizzardo afirma não ser mais justificável, nos dias atuais, a sociedade em nome coletivo, pois não seria razoável, podendo as pessoas realizarem empreendimentos sem o comprometimento de seus bens particulares, optarem por uma responsabilidade ilimitada, total e solidária. A respeito da solidariedade, inclusive, torna-se importante mencionar que, ao contrário da subsidiariedade prevista na época do Código Comercial, o Código Civil não estabelece a mesma regra, razão pela qual se entende agora tratar-se de responsabilidade solidária.

Pelas suas próprias características, verifica-se que a criação de tais sociedades somente se apresenta como vantajosa para os seus credores, uma vez que todo o patrimônio dos seus sócios garantirá as dívidas contraídas pela sociedade em nome coletivo. Desta maneira, o motivo de sua previsão no Código Civil, além de ser uma mera questão de manter a tradição – a exemplo do que se projetou como o Código de Obrigações de 1965 –, ainda segundo Arnaldo Rizzardo, encontra-se representado em deixar aberta a possibilidade de criação de tais sociedades em localidades menores, onde a credibilidade dá-se em face do nome das pessoas e que isto constitui-se em um elemento para gerar a confiança nas transações ou negócios.

Mesmo no caso supra, citado por esse consagrado autor, não vemos motivo para o estabelecimento da sociedade em nome coletivo, uma vez que, se algum possível sócio gozar de ótimo conceito em uma cidade pequena, mais motivo terá, em razão das características reconhecidas ao sócio, para que se obtenha um grande sucesso e retorno em uma sociedade onde a responsabilidade é *limitada* – e não ilimitada como aqui se verifica –, pois menos motivo terá o credor para buscar celebrar negócios com a sociedade apenas quando puder também ingressar no patrimônio pessoal do sócio. Até nos arriscaríamos a afirmar o contrário do que alegou Arnaldo Rizzardo: o interesse poderia surgir quando se estivesse, na condição de credor, diante de um sócio com muito patrimônio pessoal, mas que não gozasse de uma boa reputação em sua área geográfica de atuação.

No que diz respeito ao seu contrato social, aplicam-se as exigências relativas às sociedades simples – que dizem respeito ao previsto no art. 997 do CC, o que já demonstra a importância do estudo a que procedemos separadamente quanto àquele dispositivo legal –, acrescentando-se apenas a firma social, conforme estabelece o art. 1.041 do Código Civil.

DA FIRMA SOCIAL

Assim, e considerando-se o aludido na parágrafo anterior, passamos a analisar a questão referente à firma.

No que concerne às *sociedades em nome coletivo*, para estas se admite a utilização de *firma social*, o que, nos dizeres de Ricardo Fiuza, quer siginificar que a identificação oficial da sociedade deve mencionar o nome dos sócios que a integram, autorizados ao exercício dos poderes de representação e administração, não podendo usar denominação em seu nome empresarial. Necessariamente, o nome da sociedade deve ser aquele formado pelo nome dos seus sócios seguido da expressão "& Companhia", por extenso ou abreviadamente ("& Cia.).

A firma social, nas sociedades *em nome coletivo*, deverá conter, em regra, e com fulcro na obrigatoriedade estabelecida pelo art. 1.157 do Código Civil, o nome de todos os sócios que contenham os necessários poderes (art. 1.042 do CC), sem permitir, ainda, o de terceiros estranhos à sociedade, uma vez que se tem aqui, conforme já anteriormente mencionado, uma responsabilidade ilimitada (art. 1.039, *caput*, do CC).

A respeito do tema, cabem aqui as seguintes observações:

a) somente haverá utilidade na inclusão de cláusula indicativa dos nomes dos sócios que farão uso da firma social, conforme bem lembrado por José Waldeci Lucena, se um ou mais sócios forem escolhidos para "gerentes estatutários", tornando-se despicienda se todos os sócios forem gerir a sociedade;

b) não obstante o mencionado na letra "a", será sempre útil a existência de uma cláusula que fixe as responsabilidades e atribuições de cada um dos gerentes;

c) pode-se estabelecer, pelo contrato social, que os gerentes serão eleitos entre os sócios para um prazo determinado, com posterior escolha de outros, e assim sucessivamente, quando então seus nomes figurarão em ato à parte; e

d) em ocorrendo mudanças no quadro social – seja, por exemplo, em virtude da saída de algum sócio, ou, ainda, em decorrência da morte de algum deles –, aqui se verifica uma das grandes desvantagens que a *sociedade em nome coletivo* representa: por força do que dispõe o art. 1.165 do Código Civil, o nome daquele sócio não poderá permanecer na sociedade, o que gerará uma série de providências práticas, tais como a averbação da Junta Comercial, troca de eventuais logotipos, substituição dos blocos de notas fiscais, etc...

Quanto às formas de dissolução, deverão ser analisados, em conjunto, as disposições constantes dos artigos 1.033 e 1.042 a 1.044, todos eles do Código Civil.

No entanto, encerramos este Capítulo mencionando que o interesse no estudo deste tipo de sociedade decorre dos aspectos doutrinários, bem como do fato de que a mesma encontra-se inserida expressamente no Código Civil. Pois, nos termos afirmados na obra de Fran Martins, "a inadaptação da sociedade em nome coletivo à realidade do Século XXI é tamanha que, sob a ótica do leigo, se trata de um tipo societário estritamente encerrado e sem a menor perspectiva de relevo, na medida em que, ao contrário do que se propala, busca-se segurança e menor grau de responsabilidade.... a desatualização é irreversível e a desadaptação completa, restando na eventual reforma uma absorção compatível com o senso das empresas".

CAPÍTULO 9

SOCIEDADES EM COMANDITA SIMPLES

INTRODUÇÃO

Relativamente às sociedades em comandita simples, a elas são igualmente aplicáveis as críticas formuladas à sociedade em nome coletivo (Capítulo 08), no que se refere ao fato de estabelecerem uma responsabilidade ilimitada e solidária relativamente aos sócios. A única diferenciação neste aspecto, entre os dois tipos supramencionados de sociedades, é a de que, na *sociedade em comandita simples* esta responsabilidade diz respeito a apenas um dos tipos de sócios: os *comanditados*.

Constituindo-se na espécie mais antiga de sociedade originada no direito romano, a palavra *comandita*, da qual deriva o seu nome, possui a mesma idéia de *tutela*, *custódia*, onde se entrega determinados valores ou fundos a fim de serem geridos em atividade negocial.

Originariamente, a *sociedade em comandita simples* decorreu do assim denominado *contrato de comenda*, que consistia na entrega, pelo capitalista (commendator) ao comerciante (tratactor), de uma quantia em dinheiro ou mercadorias, onde os lucros provenientes de operações da compra e venda, normalmente consectária de transporte marítimo, eram repartidas.

Relativamente ao contrato de *comenda*, informa Fran Martins que este consistia em um antigo contrato onde as pessoas abastadas, não desejando exercer diretamente os atos de comércio – inclusive porque, por exemplo na época da Idade Média, as atividades mercantis eram por muitos vistas como infamantes –, faziam-no indiretamente, confiando aos capitães dos navios, determinadas importâncias para que estes mercadejassem. Em existindo lucros, estes eram repartidos; nos casos de prejuízo, os prestadores de capitais estariam sujeitos apenas à perda da comenda confiada.

Quanto à sua natureza, as *sociedades em comandita simples* poderão ser:

a) empresárias – quando desempenharem atividades organizadas que estejam especialmente destinadas à produção ou circulação de bens ou serviços no mercado; ou

b) civis – quando não apresentarem característica mercantil – a exemplo do que ocorre nas empresárias –, estando pois vinculadas ao exercício de atividades científicas, literárias ou artísticas, nos termos do art. 966 do Código Civil, sobre o que já tratamos em Unidades anteriores.

DAS ESPÉCIES DE SÓCIOS E RESPONSABILIDADES

As *sociedades em comandita simples*, que podem ser empresárias ou não, até mesmo em decorrência dos seus aspectos históricos sucintamente mencionados no tópico anterior, possuem dois tipos de sócios, aos quais alude o art. 1.045 do Código Civil. Ambos os tipos de sócios deverão ser expressa e minuciosamente mencionados no contrato social da comandita simples. São eles:

a) os *comanditados* – são os mais importantes nesta espécie de sociedade, uma vez que a representam e administram, com responsabilidade solidária e ilimitada, razão pela qual deverão ser necessariamente pessoas naturais. Embora a responsabilidade destes seja ilimitada quanto a terceiros, nada impede que os mesmos possam limitar as responsabilidades entre eles, o que poderá verificar-se no próprio contrato social ou em instrumento posterior; e

b) os *comanditários* – que podem ser pessoas naturais ou jurídicas, atuando como meros prestadores de capital, e que se obrigam pelo limite do valor de sua quota. Na hipótese de estes sócios, aqui tratados, virem a praticar atos de gestão, deixarão de ser considerados comanditários, e, automaticamente, estarão sujeitos às responsabilidades concernentes aos sócios comanditados (CC, art. 1.047).

A respeito dos sócios comanditários, uma das principais inovações trazidas pelo Código Civil encontra-se em seu art. 1.047, parágrafo único, que possibilita a este tipo de sócios a atuação como procurador da *sociedade em comandita simples*, desde que os poderes sejam especiais para fins de realizar ou de celebrar um determinado negócio, sem que, com isto, percam a sua condição de sócios na qualidade de comanditário. Isto, contudo, não poderá representar uma forma continuada e abrangente em relação aos negócios sociais, sob pena de, assim procedendo, aplicar-se então a regra prevista no *caput* do mesmo art. 1.047 do CC. À guisa de informação, o Código Comercial de 1850, que anteriormente disciplinava esta espécie de sociedade, vedava expressamente a participação do sócio comanditário em qualquer negócio, ou, ainda, na prática de qualquer ato que pudesse importar em obrigações para a sociedade em comandita simples.

Além das situações mencionadas no parágrafo anterior deste Capítulo, ainda, e também, se aplicam aos sócios comanditários as seguintes regras:

a) quanto à diminuição de sua quota de participação na sociedade, esta alteração somente terá validade, perante terceiros, quando da sua averbação no contrato social – uma vez que importa em redução do capital social –, nos termos do art. 1.048 do Código Civil, garantidos os eventuais direitos de credores preexistentes;

b) se a redução do capital social for decorrente, não da situação prevista na letra "a" supra, mas sim de perdas supervenientes, o comanditário, em casos que tais, não poderá receber lucros antes da reintegração do capital (CC, art. 1.049, parágrafo único);

c) no caso de ocorrer distribuição de lucros indevidos, porém nos termos constantes do balanço apresentado aos sócios, e quando os tenha recebido (os lucros), de boa-fé, o sócio comanditário, este não é obrigado a restituí-lo à sociedade (art. 1.049 do Código Civil);

d) quando ocorrer a morte de um sócio comanditário, isto por si só não determina a liquidação da sua quota, pois o art. 1.050 do Código Civil, a este respeito, determina que, salvo disposição contratual em contrário, continuará com os seus sucessores, que deverão designar representante; e

e) compete a eles, os sócios comanditários, a nomeação de um administrador provisório, nos casos em que, por algum motivo, o quadro social ficar sem sócio comanditado (art. 1.051, parágrafo único, do Código Civil). Neste caso, além de os sócios comanditários não poderem praticar os atos de administração, deverão nomear esse administrador em um prazo de até 180 dias, sob pena de ser a *sociedade em comandita simples* dissolvida com fulcro no art. 1.501, inciso II, também do Código Civil.

Embora não conste das hipóteses elencadas no art. 1.051 do Código Civil, as *sociedade em comandita simples*, quando forem de natureza "*empresária*", também poderão estar sujeitas à sua dissolução em caso de decretação de sua falência.

CAPÍTULO 10

A SOCIEDADE LIMITADA, NO QUE SE REFERE ÀS DISPOSIÇÕES PRELIMINARES E QUOTAS

CONSIDERAÇÕES INICIAIS

Enquanto que, nos dois Capítulos anteriores, analisamos alguns aspectos relacionados a espécies de sociedades que, em razão do seu desuso no que se refere à implementação na prática, neste e nos próximos Capítulos teremos a oportunidade de analisar várias características e questões referentes ao tipo de sociedade mais comum e usual no que concerne à estruturação de empresas coletivas: a *sociedade limitada.*

A *sociedade limitada*, neste seu largo uso, não é adequada apenas para as hipóteses onde se observa mais largamente a sua utilização – *in casu*, no que diz respeito à constituição de pequenas e médias empresas, portanto sob a forma *empres*ária, de natureza mercantil –, mas também com outras características, por exemplo, como se dá nos casos relacionados a modelos de sociedades que outrora se caracterizavam como "sociedade civil sob a forma limitada".

Quanto ao seu conceito, na época em que a matéria encontrava-se regida pelo Decreto n° 3.708/19 – que, anteriormente ao Código Civil, disciplinava as *sociedades limitadas,* ou "*sociedades por quotas de responsabilidade limitada*", como se denominava –, aquela norma não conceituava, segundo Ricardo Fiuza, de maneira objetiva, esta espécie de sociedade, quando, então, a sua definição decorria, quase sempre, das suas características previstas naquela norma. Acerca da nomenclatura, o Código Civil de 2002 estabeleceu um retrocesso, ao abandonar a expressão derivada da legislação francesa sobre a matéria, uma vez que a sociedade não é limitada; quem é limitada é a responsabilidade dos sócios nos termos de sua participação.

Atualmente, o art. 1.052 do Código Civil (que corresponde ao contido no art. 2º do antigo decreto supramencionado) afirma ser a *sociedade limitada* aquela em que a responsabilidade de cada sócio é restrita ou limitada ao valor de suas quotas, que se encontram representadas no capital social. Assim, e diferentemente do que aconteceu com as espécies de sociedades que estudamos anteriormente, aqui, no caso da *sociedade limitada,* é o próprio texto legal quem estabelece a limitação no que se refere à responsabilidade dos seus sócios – que não pode ser, em princípio, e desde que integralizado o montante objeto da subscrição do capital, alcançado nem executado por dívidas da sociedade (observado, contudo, o que já mencionamos a respeito da *disregard doctrine*)-, estabelecendo nítida separação entre o patrimônio destes e aquele referente à sociedade.

Do antigo Decreto n° 3.708/19, que possuía apenas dezenove arquivos, e onde um deles (art. 18) fazia remissão à aplicação subsidiária da legislação das sociedades anônimas que se lhes deveria dar, passou-se, com a sua regulamentação por inúmeros dispositivos do Código Civil de 2002, a ter um só corpo normativo para as *sociedades limitadas*, com um disciplinamento mais concreto e realista.

PRINCIPAIS ASPECTOS CONSTANTES DAS "DISPOSIÇÕES PRELIMINARES"

Em seus artigos 1.052 a 1.054, o Código Civil de 2002 tratou do que denominou de "disposições preliminares" a respeito das sociedades limitadas.

A primeira questão diz respeito à conceituação, à qual nos referimos no tópico anterior.

Uma segunda questão refere-se ao fato de que o novo Código Civil não determina a aplicabilidade, em caráter subsidiário, da legislação referente às sociedades anônimas, mas sim das normas concernentes às sociedades simples, consoante se depreende do disposto no *caput* do seu art. 1.053. Isto mereceu os elogios, dentre outros doutrinadores, da parte de Modesto Carvalhosa, para quem, o Código Civil de 2002, ao estabelecer um sistema unificado de tratamento para as sociedades em geral, sejam elas de atividade empresarial ou de atividade civil, trata de forma específica da sociedade limitada no Capítulo IV do Subtítulo II do Título II.

Não obstante, o mesmo art. 1.053 do Código Civil, em seu parágrafo único, estabelece a possibilidade de a aplicação subsidiária das normas referentes às sociedades anônimas continuarem a ocorrer, porém desde que o contrato social possua alguma previsão neste sentido. Esta previsão legal, que poderia ser inicialmente considerada como um retrocesso, foi bem justificada pelo autor da sua proposição, o Prof. Miguel Reale. Pela importância do tema, transcrevemos o texto da sua justificativa para a inclusão do mencionado parágrafo único: "Foi bem recebida a idéia de dar ampla disciplina normativa à sociedade limitada, a qual, com o advento da atual lei sobre as sociedades anônimas, além de sua destinação anterior, passou a atender a empresas que, por sua natureza ou configuração econômica, não se ajustam ao tipo das sociedades por ações, inclusive pelos custos administrativos que estas implicam. Em princípio, deve ser preservado o enquadramento da sociedade limitada entre as sociedades de pessoas, mas tem sido observado com razão que deve ser reservado aos sócios quotistas o direito de prever, no contrato, a regência supletiva da entidade pelos preceitos da sociedade anônima, dando-se, também, nesse ponto, preferência aos modelos abertos que constituem uma das diretrizes que nortearam a elaboração do Projeto de Código Civil".

A respeito das cláusulas que são obrigatórias às *sociedades limitadas* (art.1.054 do Código Civil), também aqui nos reportamos ao que foi objeto de verificação em todo um Capítulo neste Volume do Curso, sendo que a sociedade limitada, a exemplo daquela por nome coletivo, também faz uso de firma social ou de denominação social. E, no que se refere à firma social, *in casu*, esta designará, quando for o caso, os sócios investidos dos poderes de representação e administração da sociedade. No caso de denominação social – hipótese mais comum de ser observada –, o contrato social preverá a identificação da empresa ou sociedade, acrescido do seu objeto. Em ambos os casos – de uso da firma ou da denominação social –, sempre se farão acompanhar da palavra "limitada", ou de sua abreviatura "Ltda.".

No entanto, além das cláusulas mencionadas no parágrafo anterior, e a exemplo do que fez Celso Marcelo de Oliveira, podemos elencar outras que, não obstante possuam caráter de elemento meramente facultativo, se encontram vinculadas a aspectos diretamente relacionados com o "coração" da atividade empresarial, que são:

a) estabelecimento das regras relativas às reuniões dos sócios (CC, art. 1.072);

b) as que se referem aos casos de previsão supletiva das normas referentes às sociedades anônimas (CC, art. 1.053, parágrafo único);

c) aquelas que preverem situações relacionadas à exclusão de sócio por justa causa (CC, art. 1.085);

d) sobre a autorização para pessoa não-sócia assumir a administração da sociedade (CC, art. 1.061);

e) a respeito da instituição de Conselho Fiscal, faculdade prevista no art. 1.066 do Código Civil.

DO CAPITAL SOCIAL E DAS QUOTAS

Segundo estabelece o art. 1.055, *caput*, do Código Civil, o capital social divide-se em quotas, que poderão ser iguais ou desiguais, cabendo uma ou diversas à cada sócio, sendo que o seu parágrafo segundo veda a hipótese de a contribuição consistir em prestação de serviços (o que exclui a situação prevista como sociedade de capital e indústria).

Relativamente ao capital social, que constitui o patrimônio da sociedade, este desempenha uma dupla finalidade, a saber:

a) função interna – fixa a relação patrimonial entre os sócios e regula a participação social nos lucros e nos riscos, em conformidade com a contribuição;

b) função externa – onde o capital representa a segurança dos terceiros que venham a celebrar negócios com a sociedade limitada, a partir do momento em que existe a intangibilidade do capital social relativamente aos sócios.

A) FUNÇÃO INTERNA – LUCROS E PREJUÍZOS

No que se refere à função interna, e sobre a participação nos resultados positivos, os lucros, conforme oportuna menção por Vinícius Marques Gontijo, operam-se, nas *sociedades limitadas*, de um das seguintes formas:

a) *dividendos* – distribuição dos lucros em dinheiro, entre os diversos sócios, na proporção da participação de cada um deles no capital social; e

b) *quotas de bonificação* – decorre da capitalização dos lucros, onde a sociedade delibera reter, total ou parcialmente, os lucros para os transformar em capital, que é aumentado nesse volume, atribuindo-se a cada sócio as quotas equivalentes ao percentual da sua participação no capital.

A respeito dos lucros nas sociedades limitadas, cabe ainda lembrar o entendimento predominante no Superior Tribunal de Justiça (STJ), no sentido de que a incidência do imposto de renda dá-se imediatamente, com a sua pronta exigibilidade sobre o lucro líquido, consoante decidido, por exemplo, no Resp n° 674.946, da 2ª T., j. em 09/11/2004, DJU de 11/04/2005.

Quanto às perdas, e desde que integralizado o capital, não se debitarão as mesmas à responsabilidade de qualquer de seus sócios, mas serão arcadas/assumidas pela própria sociedade limitada, uma vez que não resulta de qualquer dispositivo legal que as mesmas digam respeito a obrigações dos sócios, mas, ao contrário, existe uma norma legal (art. 1.008 do Código Civil) que determina, conforme já vimos em Unidade anterior, que considera nula a cláusula discriminatória, quanto a qualquer sócio, no que se refere aos lucros e às perdas.

No que se refere ao condomínio de quotas, prevista no art. 1.056 do Código Civil, nesses casos deverá ser designado um representante deste condomínio perante a sociedade, que, na hipótese de atribuição de quotas aos herdeiros de algum dos sócios da limitada, normalmente será exercido esta representação pelo inventariante.

B) FUNÇÃO EXTERNA – SEGURANÇA DOS TERCEIROS CONTRATANTES

Uma outra questão, ainda relacionada ao capital social, diz respeito ao estabelecido no art. 1.055, §1°, do Código Civil, que estabelece a existência de uma responsabilidade solidária dos sócios, por um período de cinco anos contados da data do registro da sociedade, quanto à estimação da parte que foi integralizada em bens móveis ou imóveis.

Outra matéria que se apresenta como de singular importância diz respeito à cessão de quotas da sociedade limitada, quando o art. 1.057 do Código Civil estabelece a sua possibilidade, total ou parcial, quanto a um determinado sócio, disciplinando apenas a necessidade de audiência dos outros sócios quando o destinatário for um não-sócio, quando então, para que se concretize, faz-se mister não ocorrer oposição de titulares possuidores de mais de um quarto do capital social. Como conseqüência, se o sócio cedente detiver 75% ou mais do capital, poderá transferi-lo, inclusive a estranhos à sociedade, sem a necessidade da anuência dos demais sócios. Em todos os casos, a eficácia jurídica da cessão dependerá sempre da sua respectiva averbação (alteração do contrato social) no registro público competente, para que possa produzir efeitos perante terceiros.

Ainda a respeito do tema, o art. 1.058 do Código Civil trata da situação envolvendo o sócio remisso, assim entendido como aquele sócio que não cumpriu com a sua obrigação principal, e que consistia na integralização, em um prazo fixado no contrato social, de todo o capital que subscreveu. Como conseqüência, cabe aos demais sócios, uma vez que poderão ser responsabilizados por todo o montante não integralizado, decidir pela adoção de um dos seguintes caminhos:

a) os sócios poderão, eles mesmos, decidir por subscrever e integralizar as quotas relativas ao remisso; ou

b) admitir novo sócio, que assumirá a responsabilidade pela integralização do capital subscrito e ainda não integralizado.

Se o remisso efetuou a integralização parcial do capital subscrito, terá o direito à sua devolução, podendo a sociedade limitada, contudo, descontar, por exemplo, juros moratórios e valores a título de perdas e danos que porventura estivessem previstos nos atos constitutivos da sociedade.

Finalmente, temos a disposição do art. 1.059 do CC, onde resta estabelecido que, conquanto os sócios tenham o direito à percepção dos lucros gerados pela sociedade, em ocorrendo distribuição de lucros inexistentes, ou, ainda, a retirada de valores que representem prejuízo ou desfalque para a sociedade, estes valores deverão ser repostos em favor desta última, mesmo que tal possibilidade de retirada estivesse prevista nos seus atos constitutivos. Mais uma vez observa-se a defesa do interesse de terceiros que tenham negociado com a sociedade, *v.g.* levando em conta o montante do seu capital social.

CAPÍTULO 11

AS SOCIEDADES LIMITADAS, NO QUE SE REFERE À ADMINISTRAÇÃO E AO CONSELHO FISCAL

DA ADMINISTRAÇÃO

Prevista numa Seção que compreende os arts. 1.060 a 1.065 do Código Civil, a *administração das sociedades limitadas* é exercida por uma ou mais pessoas designadas no contrato social ou em ato separado (art. 1.060, *caput*, do CC).

Aqui se torna necessário um esclarecimento inicial: "administrador", *in casu*, e como bem lembra Arnaldo Rizzardo, é sinônimo de "diretor", que equivale ao sócio investido do poder institucional de representação. Assim, não poderá ser confundido, por exemplo, com o "gerente", que nada mais é do que um preposto permanente, e que, como tal, este último atua em determinado setor de atividades (ver, a respeito, o que estabelece o art. 1.172 do Código Civil), porém submetido às ordens de seus superiores. O problema é que, em muitos casos concretos, vemos o contrato social utilizar a expressão "sócio-gerente" que poderá conduzir um menos avisado a equívoco, mas, na realidade, em casos que tais, de gerente não se trata.

Uma outra observação, ainda a respeito da matéria de que trata ainda o *caput* do art. 1.060 do Código Civil, refere-se à necessidade de o contrato social, não somente designar o administrador (ou administradores), mas também dever delinear a forma de sua escolha (considerando-se, por exemplo, as questões aludidas no art. 1.013 do Código Civil), de preferência também especificando, no caso de mais de um administrador, quais os negócios que envolvem os seus poderes, *v.g.* o uso da firma (CC, art. 1.064), o de assinar cheques, assinaturas de contratos, contratação e dispensa de empregados, etc...

Segundo o previsto no art. 1.060, parágrafo único, do Código Civil, quando a administração da sociedade for atribuída a todos os sócios, pelo contrato social, entende-se que essa delegação está limitada aos sócios primitivos ou originários, isto é, aqueles que integravam a sociedade no momento de sua constituição. Por este motivo é que tal atribuição não pode ser estendida a quem posteriormente ingresse na sociedade limitada na condição de sócio, a não ser que assim conste expressamente do termo aditivo / alteração do contrato que se refira à inclusão do novo sócio.

Matéria que ainda se apresenta como bastante controvertida na doutrina, embora a jurisprudência tenha lhe dado uma resposta positiva, diz respeito à possibilidade de que a administração de uma sociedade limitada seja exercida por uma pessoa jurídica. Enquanto alguns procuram ainda argumentar que somente às pessoas naturais incumbe a administração da sociedade, considerando-se a literalidade do exposto no art.1.062, §2º, do Código Civil, a maioria vem admitindo tal possibilidade, quanto às pessoas jurídicas, afirmando apenas que a pessoa jurídica deverá ser designada administradora sempre no próprio contrato social, e não em instrumento em separado, este último sim reservado apenas às pessoas naturais. Porém, e para que se termine, de uma vez por todas, com a discussão a respeito, Ricardo Fiuza encaminhou proposta de nova redação no sentido de que somente pessoas naturais poderão ser administradoras (PL que tramita sob o n° 6.960/2002).

De acordo com o art. 1.061 do Código Civil está permitida a administração por não-sócios, a exemplo do que também estabelecia o art. 13 do Decreto n° 3.708/19 (que anteriormente disciplinava as sociedades por quotas de responsabilidade limitada), desde que expressamente prevista essa possibilidade no contrato social. Uma vez permitido pelo contrato, passa-se à designação, onde se deverá observar a aprovação por unanimidade entre os sócios enquanto ainda tiver capital subscrito a ser integralizado, passando-se para um *quorum* de no mínimo dois terços para a aprovação nos casos em que o capital foi totalmente integralizado (quanto a este *quorum* de dois terços, e no sentido de se por fim à essa exigência, existe em tramitação o PL n° 7.160/2002).

O administrador designado em ato separado (para quem se exige que seja, aqui sim, pessoa natural) deverá assinar o termo de posse em até trinta dias após a sua designação, sob pena de torná-la sem efeito, e, em até 10 dias após a sua efetiva investidura, deverá também providenciar a averbação de sua nomeação no registro competente, onde constará uma sua mais completa possível qualificação (art. 1.062 do Código Civil).

Exigências semelhantes, quanto à cessação do exercício do cargo de administrador, também constam expressamente do art. 1.063 do Código Civil, onde existem as hipóteses referentes, inclusive, à destituição de sócio administrador (§ 1º), averbação (§ 2º) e sobre quando passam a surtir efeitos os casos de renúncia (§ 3º).

A) DEVERES DOS ADMINISTRADORES DA SOCIEDADE LIMITADA

A partir do instante em que inicia a sua atuação como administrador, este também terá uma longa lista de deveres e obrigações em razão do exercício desta condição, além dos aspectos formais que anteriormente mencionamos, *v.g.* aqueles do art. 1.062 do Código Civil.

Assim, e por não estar disposta, em uma seção específica do Código Civil, uma relação dos deveres concernentes aos administradores, encontramos diversas regras esparsas, inclusive nas mais diversas partes do próprio CC, que os estabelecem. Senão vejamos:

a) ter o cuidado e a diligência que todo homem ativo e probo costuma empregar na administração de seus próprios negócios (art. 1.011, *caput*, do Código Civil);

b) dever de proceder de modo a atender os fins e interesses da sociedade (art. 154 da Lei n° 6.404/76);

c) dever de lealdade (art. 155 da Lei n° 6.404/76);

d) apresentar, ao fim de cada exercício, a devida prestação de contas, através, por exemplo, de inventário dos bens, para fins de cumprimento do previsto no art. 1.065 do Código Civil;

e) uso da firma ou denominação social para os atos que se fizerem necessários (art. 1.064 do CC), dentre outros.

DO CONSELHO FISCAL

Conforme menciona André Papini, o sócio tem sempre o direito de fiscalização sobre os atos praticados por aqueles que exercem a administração de uma certa sociedade. No que se refere especificamente às sociedades limitadas, o antigo Decreto nº 3.708/19 possibilitava o estabelecimento de regras relativas às condições em que o exercício desse poder de fiscalização deveria ser exercido. Não obstante esta possibilidade de previsão convencional, o que ocorria, e continua ocorrendo, é o silêncio do contrato social a este respeito.

O novo Código Civil, ao contrário do que acontecia até o seu advento, passou a estabelecer, em norma heterônoma (que não decorre da vontade das partes), a possibilidade de se instituir, no âmbito de uma determinada sociedade limitada, um Conselho Fiscal, na forma que estabeleceu em seus artigos 1.066 a 1.070. Porém, manteve a possibilidade de a fiscalização, nestes termos, ter de decorrer de ato convencional, pois só quem poderá instituir o Conselho Fiscal é o contrato social, e sem prejuízo dos poderes da assembléia dos sócios (art. 1.066 do Código Civil). Em outras palavras: Conselho Fiscal somente se os sócios assim desejarem, devendo o contrato estabelecer os poderes, disciplinando as condições de composição (respeitando-se, contudo, o que estabelece, por exemplo, o art. 1.066, § 2º, do CC), as funções que lhe serão afetas, etc...

O Conselho Fiscal, a respeito do que a doutrina vem afirmando somente se justificar nos casos em que existam muitos sócios – como, *v.g.* nas sociedades complexas –, inclusive porque nas pequenas sociedades isto redundaria em ocuparem o cargo de conselheiro pessoas que já desempenham outros cargos, como de administração ou de gerência, o que, aliás, seria vedado, por força do que estabelece o art. 1.066, § 1º, do Código Civil.

Relativamente ao Conselho Fiscal, depreende-se, do contido no art. 1.067 do Código Civil, a necessidade da existência de um livro próprio para nele serem lavradas as atas e os pareceres do mesmo, enquanto que o artigo seguinte (CC, art. 1.068) estabelece a fixação, em periodicidade anual, da remuneração dos seus membros, cujo montante será estabelecido pela assembléia dos sócios que os eleger. Normalmente, esta remuneração é vinculada ao efetivo comparecimento do titular, ou de seu suplente, às sessões do Conselho Fiscal, e a título de representação em órgão colegiado, geralmente denominada de *jeton*, expressão que ficou nacionalmente conhecida há alguns anos quando se lhe aplicou, em termos análogos, e a título de acréscimo remuneratório, aos membros do Congresso Nacional, que passaram a receber um valor por cada sessão de que participassem.

Finalmente, e à guisa de encerramento deste Capítulo, podemos afirmar que as atividades dos membros do Conselho Fiscal de uma sociedade limitada, sendo as principais delas as que se encontram elencadas no art. 1.069 do Código Civil, poderão ser exercidas, conforme a matéria de que se esteja tratando, em conjunto ou individualmente por algum dos seus conselheiros, inclusive com o auxílio de contabilista legalmente habilitado (art. 1.070, parágrafo único, do CC), sendo que todos eles têm o dever de comunicar e denunciar eventuais atos que, praticados pelos administradores, estejam causando prejuízos àquela sociedade limitada, sob pena de responsabilidade.

CAPÍTULO 12

AS SOCIEDADES LIMITADAS, NO QUE SE REFERE ÀS DELIBERAÇÕES DOS SÓCIOS, BEM COMO AO AUMENTO E À REDUÇÃO DO CAPITAL

DELIBERAÇÕES DOS SÓCIOS E ASSEMBLÉIA

Nos termos contidos no *caput* do art. 1.072 do Código Civil, as deliberações dos sócios, observado o que estabelece o art. 1.010 do mesmo diploma legal (a respeito da administração da sociedade), dá-se em assembléia ou reunião, sendo que, no que se refere à esta última, isto somente poderá ocorrer em sociedades que possuam até dez sócios.

A respeito da assembléia, o seu conceito é o de um órgão deliberativo, que, sujeito a uma série de formalidades, deverá ocorrer nas sociedades limitadas pelo menos uma vez por ano, e para os fins de deliberar obrigatoriamente acerca das contas dos administradores, do balanço patrimonial, do resultado econômico e a designação dos próprios administradores (quando isto já não estiver previsto no contrato social). É nas assembléias que se delibera sobre as decisões tomadas pelos sócios para a defesa e o desenvolvimento da própria sociedade.

No que se refere às matérias que dependem de deliberação em assembléia, o art. 1.071 do CC as elenca em oito incisos, mas não se trata de *numerus clausus*, pois não é uma relação exaustiva, mas meramente exemplificativa, uma vez que o contrato social pode determinar outras matérias a serem submetidas à deliberação nas assembléias. À guisa de exemplificação no próprio Código Civil, podemos mencionar as situações concernentes à cessão de quota (art. 1.057), ao aumento do capital (art. 1.081) e à redução do capital (art. 1.082). Importante observar, ainda, no tocante ao oitavo inciso do art. 1.071 do CC, que a concordata, ali inicialmente mencionada, passou a se denominar "recuperação judicial ou extrajudicial", por força da Lei n° 11.101, de 09/02/2005 (o mesmo se aplica à parte final do art. 1.072, § 4º, do Código Civil).

No que se refere à convocação para a assembléia da sociedade, deverão ser considerados os seguintes aspectos:

a) a convocação deverá ser feita pelos administradores, nas hipóteses previstas em lei ou no contrato social;

b) deverá ser realizada ao menos uma por ano (ordinária), para fins de aprovação do balanço patrimonial e para a aprovação das contas;

c) o comparecimento de todos os sócios em assembléia, ou, ainda, a declaração por escrito, de que têm ciência do local, data, hora e ordem do dia, supre qualquer irregularidade formal quanto à convocação; e

d) embora o Código Civil não determine, nos artigos referentes à sociedade limitada, o lapso temporal que deve existir entre a convocação e a assembléia, há de se aplicar, *in casu*, o que estabelece o art. 1.152, § 3º, do Código Civil. Observação: Ricardo Fiuza, por exemplo, entende que, não existindo previsão na Seção V da qual estamos tratando nesta Unidade, disposição a respeito deverá constar do contrato social, tendo em vista a regra constante do art. 1.072, *caput*, do CC, quando faz referência à expressão "conforme previsto no contrato social".

Dentre as possíveis formas de convocação, e conforme aludido por Jorge Lobo, a ciência aos sócios poderá ser dada em uma das seguintes opções a serem escolhidas pela sociedade:

a) carta registrada com aviso de recebimento, enviada ao domicílio do sócio ou ao local que ele tenha indicado, por escrito, à sociedade;

b) por anúncio entregue contra recibo, diretamente ao sócio ou a seu representante com poderes especiais para tal;

c) telegrama;

d) por fax;

e) notificação judicial ou extrajudicial;

f) jornal com circulação na cidade onde se encontra a sede social da sociedade limitada;

g) Diário Oficial do Estado em que a sociedade tem a sua sede;

h) da conjugação de mais de uma forma.

Às hipóteses acima elencadas, acrescentaríamos ainda a convocação feita por e-mail do sócio, onde, até mesmo para se ter certeza sobre a sua ciência, poderia ser requerida uma resposta de confirmação do recebimento, quando, então, estaria cumprida a exigência prevista no art. 1.072, § 2º, do Código Civil, no que concerne à declaração por escrito.

Quanto à votação nas deliberações da assembléia, a principal regra a respeito encontra-se prevista no art. 1.076 do Código Civil. No entanto, inúmeras são as regras e igualmente inúmeros são os dispositivos que tratam do mesmo tema. Assim, para facilitação do entendimento, e no sentido de buscar uma sistematização do assunto, podemos, partindo da premissa de que a *maioria nas decisões* corresponde a uma referência às *quotas dos presentes*, podemos esquematizar da seguinte maneira. Exige-se:

a) unanimidade pelos sócios para a eleição dos administradores estranhos ao capital, enquanto as quotas não forem integralizadas *in totum*;

b) dois terços dos sócios para a eleição de administradores estranhos ao capital social quando as quotas forem integralizadas completamente;

c) dois terços dos sócios para a destituição de sócio nomeado administrador no contrato social;

d) três quartos dos sócios do capital social para a modificação do contrato, a incorporação, a fusão, a cisão e a dissolução da sociedade, ou, ainda, a sua liquidação;

e) o representativo de mais da metade do capital para a aprovação da designação e destituição de administradores, a sua remuneração (caso não tenha sido estabelecido o critério no contrato social), bem como o pedido de recuperação judicial ou extrajudicial;

f) por *maioria* para as demais matérias, salvo quando um quorum específico estiver estabelecido no contrato social.

Quando disser respeito à hipótese de *reunião*, há de se observar o *quorum* estabelecido no art. 1.079 do Código Civil, que determina, inclusive, a subsidiariedade para a sua aplicação.

Encerrando esta parte referente às deliberações dos sócios, devemos mencionar que as mesmas possuem um caráter cogente das suas conclusões ou decisões (art. 1.072, § 5º, do Código Civil, por exemplo, em assembléia, enquanto que, complementando esta situação, o art. 1.080 do Código Civil determina que "as deliberações infringentes do contrato ou da lei tornam ilimitada a responsabilidade dos que expressamente as aprovaram"). E, como se sabe, em se observando concretamente a situação ensejadora de responsabilidade ilimitada, a conseqüência é a de que o patrimônio pessoal desses sócios poderá ser atingido pelas dívidas que, em princípio, somente poderiam ser suportadas pelo patrimônio da sociedade, considerando tratar-se de sociedade limitada.

DO AUMENTO E DA REDUÇÃO DO CAPITAL

A) AUMENTO DE CAPITAL E DIREITO DE PREFERÊNCIA

Quanto ao aumento de capital por parte das sociedades limitadas, situação muito observada na prática, o caminho encontra-se aberto para tal diante do exposto no art. 1.081, *caput*, do Código Civil, que lhe permite, com a consectária modificação do contrato social, desde que as quotas estejam integralizadas, e caso, ainda, não exista alguma restrição prevista em lei especial.

Embora a causa principal do aumento de capital seja decorrente do próprio sucesso nas atividades empresariais da sociedade limitada, existem, contudo, *outros fatores* que ensejam este aumento. Jorge Lobo, ao escrever sobre as *sociedades limitadas*, mencionou diversos deles, que podem ser assim sintetizados:

a) subscrição de novas quotas pelos próprios sócios ou de terceiros;

b) capitalização de lucros e reservas;

c) reavaliação do ativo, procurando restabelecer o valor real;

d) incorporação de outras sociedades;

e) conversão de algumas dívidas em capital; e

f) constituição de *joint ventures*, com o conseqüente aumento do valor nominal das quotas existentes, ou, como também pode ser, com a criação de novas quotas.

Para o aumento do capital, faz-se mister a modificação do contrato social, nos termos do art. 1.071, inciso V, do Código Civil. E, para a aprovação, conforme já mencionamos em tópico anterior, exige-se a deliberação neste sentido por parte de três quartos do capital social, por se tratar de hipótese abstratamente prevista no art. 1.076, inciso I, do Código Civil.

A respeito do aumento de capital, e considerando-se os sócios que não concordaram com o aumento, estes poderão verificar o interesse próprio em continuar, ou não, como sócio daquela limitada, pois, como bem assevera Waldemar Ferreira, "em função da responsabilidade de cada quotista ao montante do capital social, aumentando-se este, eleva-se, conseqüentemente, a responsabilidade individual de cada quotista. Assiste, nesta emergência, ao que disso divirja, a faculdade de opor-se ao aumento, que lhe agrava os encargos. Retira-se da sociedade".

Tratando do aumento de capital, o art. 1.081, em seus parágrafos, faz referência à questão do direito de preferência na subscrição de novas quotas, bem como no que diz respeito à possibilidade de cessão desse direito de preferência.

Esse direito de preferência, de que aqui estamos tratando, é pleno e inderrogável, sendo até mesmo considerado intangível e essencial, pois, uma vez exercido, não poderá sofrer restrições, por exemplo, pela assembléia.

Assegurado, então, o direito de preferência aos sócios, em que cada um terá o direito de subscrever e integralizar as novas quotas emitidas, isto na exata proporção das quotas que cada um já possua, pode ocorrer de alguns sócios não se interessarem em exercer este direito diretamente, quando então poderá cedê-lo a outro (sócio ou não sócio da *limitada*). Em o fazendo em favor de outro sócio, não será necessário consentimento dos demais; sendo o favorecido pela cessão um terceiro, não poderá haver oposição de sócios que representem mais de um quarto do capital social.

Em seguida, será cumprido o que estabelece o § 3º do art. 1.081 do CC: haverá reunião ou assembléia dos sócios para que seja aprovada a modificação contratual.

B) REDUÇÃO DE CAPITAL

Da mesma maneira que é possível, nos termos do art. 1.081 do CC, o aumento de capital, também pode ser que ocorra a necessidade de sua redução, quando, a respeito, o art. 1.082 do Código Civil estabelece que a redução do capital, mediante a correspondente modificação no contrato, poderá ocorrer:

a) depois de sua integralização, se houver perdas irreparáveis;

b) se este se apresentar excessivo em relação ao objeto da sociedade.

Na hipótese da letra "a" supra, o art. 1.083 determina a redução do capital com a diminuição proporcional do valor nominal das quotas, e que se efetivará após a averbação, da ata de assembléia que aprovou tal redução, junto ao Registro Público de Empresas Mercantis.

No que se refere à hipótese contemplada na letra "b" acima, esta normalmente será procedida com a restituição de parte do valor da quota aos sócios, e com a conseqüente redução do valor nominal das quotas. Todo o seu trâmite, inclusive quanto à possibilidade de impugnação, encontra-se abstratamente previsto no art. 1.084 do Código Civil.

Melhor exemplificando as hipóteses acima, Waldo Fazzio Júnior menciona que a redução do capital pode ser ensejada por um dos seguintes fatores, a saber:

a) perda por fracasso da empresa em suas atividades, por exemplo, em virtude de retração do mercado em relação ao produto fabricado; perda de valor das mercadorias, objeto de contrato; liberação de importação de produtos similares aos produzidos pela limitada, etc.;

b) "§ por exclusão de sócio";

c) "§ por resolução em relação a algum sócio";

d) "§ pelo pagamento da quota de sócio falecido"; e

e) no excesso de capital".

CAPÍTULO 13

A SOCIEDADE LIMITADA, ESPECIFICAMENTE NO QUE SE REFERE À RESOLUÇÃO DA MESMA EM RELAÇÃO A SÓCIOS MINORITÁRIOS E À SUA DISSOLUÇÃO

RESOLUÇÃO DA SOCIEDADE EM RELAÇÃO A SÓCIOS MINORITÁRIOS

Em Capítulo anterior, mencionamos que o sócio poderá discordar, por exemplo, do aumento de capital, podendo, até mesmo em razão disso, deixar de integrar o quadro de sócios da sociedade limitada. Esta representa uma das hipóteses, dentre outras que iremos analisar agora, e que se referem à conseqüência por práticas, relativamente a alguns sócios, que sejam consideradas nocivas à sociedade.

Por se tratar, a questão relativa à resolução parcial em relação a algum, ou alguns, dos sócios, de matéria de suma importância, o Código Civil não poderia deixar de contemplar essas situações. Resultado, na época de sua elaboração, de uma proposta de emenda apresentada pela Senador Josaphat Marinho, trata-se de mais uma oportuna sugestão do Prof. Miguel Reale, que se justificou no sentido de ressalvar uma praxe – que admitia a exclusão de sócio mediante alteração contratual, desde que exista cláusula, por exemplo, prevendo a exclusão por justa causa – e preservar a continuidade da empresa, quando isto estiver em risco por condutas graves de sócios minoritários. Mas não somente isto, pois que, por outro lado, também se objetiva, com isso, impedir a exclusão à revelia do sócio minoritário, com surpresa para este último, inclusive.

Assim, e independentemente de autorização judicial, o art. 1.085 do Código Civil admite aquilo a que ele mesmo denominou de "resolução da sociedade em relação a sócios minoritários", cuja exclusão encontra as suas justificativas nas razões expostas, por exemplo, por José Waldecy Lucena, e que seriam as seguintes:

a) a finalidade publicística do instituto (preservação da empresa), com o que somente as leis e, para alguns, também o estatuto estabelecerão as causas mediante as quais, visando assegurar dita finalidade publicística, dar-se-á a exclusão do sócio que põe a sociedade em risco; e

b) o caráter penal, restritivo e excepcional do instituto da exclusão, a exigir expressa previsão legal ou estatutária.

Relativamente ao que foi mencionado no parágrafo anterior desde tópico, cabe apenas informar que, por força do art. 1.085, *caput*, do Código Civil, a previsão deve estar contida no contrato social, e somente a reunião (relativamente a empresas com até 10 sócios) ou a assembléia (genericamente) poderá determinar a exclusão do sócio em casos que tais, sendo que o parágrafo único do mesmo artigo estabelece a obrigatoriedade de prévia ciência do acusado, em tempo hábil para que este possa comparecer e exercitar, caso queira, o seu direito de defesa, conforme lhe garante, inclusive, o art. 5º, inciso LV, da Constituição Federal.

Desta maneira, temos a previsão legal para as hipóteses em que algum sócio tenha praticado atos de inegável gravidade para a sociedade, situação em que, até mesmo em virtude da exigência, feita pelo art. 1.085 do Código Civil, quanto a um justo motivo para tal, não será suficiente, para tal, e em seus termos, a quebra da *affectio societatis* para a determinação da exclusão de sócio minoritário.

No entanto, e conforme tivemos a oportunidade de verificar quando tratamos do aumento de capital, a resolução parcial da sociedade em relação a algum sócio minoritário não se limita à situação prevista no art. 1.085 do Código Civil. Inclusive porque não se poderia obrigar alguém a manter-se sócio de outrem, ainda que a quebra da *affectio societatis* não se constitua em falta grave para a exclusão compulsória. A este respeito, e neste mesmo sentido, aprovou-se, por ocasião da Jornada de Direito Civil, promovida pelo Centro de Estudos Judiciários do Conselho da Justiça Federal – à qual já aludimos em Módulos anteriores –, o Enunciado nº 67.

Entendimento, em sentido um pouco diferente, relativamente à relação entre o ato e à *affectio societatis*, apresenta Modesto Carvalhosa, para quem se deve considerar como de inegável gravidade, relativamente à sociedade, em primeiro lugar, todo ato de sócio que viole a lei. Também será ato de natureza grave a violação ou inadimplemento contratual que resultar na quebra da *affectio societatis*, uma vez que põe em risco o desenvolvimento do escopo comum que é o desenvolvimento das atividades sociais.

A) EXCLUSÃO POR ATOS DE INEGÁVEL GRAVIDADE

Considerando-se a expressa menção, pelo *caput* do art. 1.085 do Código Civil, a "atos de inegável gravidade", torna-se importante o seu estudo, ainda que de maneira sucinta. Isto porque outros dispositivos, *v.g.* os artigos 1.004, 1.030 e 1.053, todos eles do Código Civil, estabelecem outras possibilidades, como, por exemplo, em razão de falta grave, além daquela prevista no art. 1.085 do CC, que poderão ensejar a retirada de sócio.

Em primeiro lugar, deve-se observar a existência de uma tênue diferenciação no que diz respeito à mera falta grave e os atos de inegável gravidade, quando se verifica a possibilidade de expor a risco a própria continuidade da sociedade.

Segundo Arnaldo Rizzardo, no caso da primeira infração (falta grave), como, por exemplo, na contumaz ausência do sócio ou na demora da execução dos serviços, não é atingida propriamente a sociedade. No segundo caso (atos de inegável gravidade), coloca-se em risco a sociedade propriamente dita, o que pode ser exemplificado com os casos em que se atente contra a honra da sociedade, como quando se realizam negócios ruinosos, se procede a compras ou vendas que sejam fictícias, desviam-se valores da empresa, etc... Assim, os atos, de que trata o art. 1.085 do CC, são aqueles que prejudicam a empresa colocando-a em risco da sua própria sobrevivência, não apenas sob o aspecto econômico.

Uma questão, a respeito do tema, e que há muito tempo já vem gerando uma enorme discussão na doutrina, refere-se à exigência, contida no *caput* do aludido art. 1.085 do Código Civil, de que, para fins de critério de apuração do que seja a maioria que decidirá pela exclusão, se exige que esta represente "mais da metade do capital social". Criticando-a, José Waldecy Lucena afirma ser o normal na vida societária que a maioria exclua a minoria. E, segundo ele, se o exercício de autotutela dos interesses sociais, visando a própria sobrevivência da empresa exsurge, como imperativo lógico, a conclusão de que todo e qualquer sócio, não importa se majoritário ou minoritário, desde que haja justa causa, sujeita-se a ser excluído da sociedade. Repare-se que o mencionado autor defende isto para a justa causa, ainda anteriormente à exigência de verificação dos atos de "inegável gravidade". Consoante o entendimento de Fábio Konder Comparato, a exclusão encontraria amparo no princípio do inadimplemento do contrato. Pela violação às regras do contrato social ou à lei, ainda segundo o autor aludido, é que nasce o poder resolutório conferido aos prejudicados.

Quanto aos sócios não-minoritários, ainda que estes procedam a atos caracterizados de falta grave, justa causa, ou, ainda, dos tão debatidos atos de inegável gravidade, quanto a eles a exclusão também é permitida, não com fulcro no art. 1.085 do Código Civil – inclusive porque seria impossível a obtenção de mais da metade do capital social deliberando pela sua exclusão –, mas sim em uma regra mais genérica, prevista no art. 1.030 do Código Civil, quando, para tal, será obrigatória a via judicial.

Estabelece o art. 1.086 do Código Civil que "efetuado o registro da alteração contratual, aplicar-se-á o disposto nos arts. 1.031 e 1.032". Isto significa que o capital da sociedade sofrerá reduções no caso de as quotas, relativas ao sócio excluído, não serem transferidas a outros, mediante integralização. Enquanto que, pelo estabelecido no art. 1.032 do CC, mesmo após excluído da sociedade, o sócio autor dos atos de inegável gravidade poderá responder ainda pelas dívidas e obrigações da sociedade que foram adquiridas nos dois anos anteriores à sua saída.

DISSOLUÇÃO DA SOCIEDADE

No que se refere à dissolução da sociedade, o art. 1.087 do CC limita-se a tratar o assunto em apenas duas linhas, fazendo remissão expressa às causas previstas no art. 1.044 do próprio Código Civil, dispositivo este que também remete ao art. 1.033 do mesmo diploma legal, apenas acrescendo-lhe a hipótese de falência.

Apenas à guisa de lembrança, mencionamos essas hipóteses:

a) vencimento do prazo de duração, salvo se, vencido este e sem oposição de sócio, não entrar a sociedade em liquidação, caso em que se prorrogará por tempo indeterminado;

b) consenso unânime dos sócios;

c) deliberação dos sócios, por maioria absoluta, na sociedade de prazo indeterminado;

d) falta de pluralidade dos sócios, não reconstituída no prazo de cento e oitenta dias;

e) a extinção, na forma da lei, de autorização para funcionar; e

f) por falência.

Os mencionados dispositivos foram objeto de nosso estudo quando analisamos as questões relativas às sociedades simples, sendo que, no que concerne às sociedades limitadas, há uma grande controvérsia sobre a hipótese prevista no art. 1.033, inciso III, do Código Civil (letra "c" supra), e que se refere à dissolução por maioria dos sócios. Neste sentido, a jurisprudência vem se manifestando ao afirmar que os sócios remanescentes ou minoritários poderão ficar na sociedade, e mantê-la, oportunizando-se a saída da maioria. E, até mesmo em virtude das consequências que podem gerar, por exemplo, no mercado, o seu fechamento, já se decidiu, inicialmente em nível jurisprudencial, até mesmo, que se um sócio desejar permanecer na sociedade (inciso IV do art. 1.033 do CC), não se dará a sua extinção (embora se trate aqui de situação excepcional). A Lei Complementar nº 128/2008 disciplinou não se aplicar o disposto no inciso IV quando o sócio remanescente de todas as quotas sob sua titularidade requeira, junto ao Registro Público de Empresas Mercantis, a transformação do registro da sociedade para empresário individual.

UNIDADE 14

CONSTITUIÇÃO DAS SOCIEDADES ANÔNIMAS

CONSIDERAÇÕES INICIAIS

A respeito das sociedades anônimas, o Código Civil de 2002 possui, relativamente à mesma, apenas dois artigos:

a) o art. 1.088, que apresenta a sua definição como sendo aquela sociedade que possui o seu capital dividido em ações, e na qual a responsabilidade dos sócios ou acionistas é limitada pelo preço de emissão das ações que subscrever ou adquirir. Esta responsabilidade é pessoal, não havendo solidariedade entre os acionistas por eventuais obrigações assumidas pela sociedade. Nela, cada acionista somente responde pelas ações que se obrigar a adquirir e que venha efetivamente realizar para a formação do capital; e

b) o art. 1.089, que afirma estar a sociedade anônima regida por lei especial, e, somente em casos de omissão, é que se lhe aplicaria alguma das disposições previstas no Código Civil. A lei especial, *in casu*, de maneira genérica é a Lei n° 6.404/76. Mas, além da mencionada lei, temos outras que tratam do tema e se complementam, das quais são exemplos a Lei n° 8.021/90, a Lei n° 9.457/97 e a Lei n° 10.303/2001.

Se fôssemos nos limitar ao estudo da matéria constante do Código Civil, este Capítulo já estaria concluído. No entanto, percebemos que a referência supramencionada que o Código Civil faz às sociedades anônimas – a exemplo do que também ocorre no que se refere às sociedades em comandita por ações – objetiva apenas manter esses dois tipos de sociedade integrados ao sistema constituído no Código Civil, relativamente ao que este denominou de "Direito de Empresa". Da mesma maneira, este assunto não se encerra agora pelo fato de que as sociedades anônimas desempenham um papel fundamental na economia e no direito, razão pela qual procederemos à análise de alguns aspectos, reputados como principais, no que concerne às sociedades anônimas.

ELEMENTOS CARACTERIZADORES E NATUREZA JURÍDICA

Antes, porém, de entrarmos propriamente no assunto principal deste Capítulo, e que diz respeito à constituição das sociedades anônimas, não podemos deixar de mencionar alguma coisa a respeito dos seus elementos caracterizadores – uma vez que com eles também se preocupou o Código Civil – e da sua natureza jurídica.

Quanto aos *elementos caracterizadores*, e que, como tal, diferenciam esta espécie de sociedade das demais, podemos citar aqueles derivados do próprio conceito, sendo que, neste aspecto, o art. 1.088 do Código Civil repetiu, quase com as mesmas palavras, o que já consta expressamente do art. 1° da Lei n° 6.404/76. Os seus elementos diferenciadores / caracterizadores são os seguintes:

a) a divisão do capital dá-se em frações mínimas às quais se denomina de ações, razão pela qual se caracteriza, neste aspecto, como uma sociedade de capital; e

b) a limitação da responsabilidade dos sócios ao preço ou valor de emissão das ações das quais aquele sócio é titular. Observe-se, apenas, que o grau de *responsabilidade* de cada sócio é medido *pelo preço de emissão da ação*, e não pelo valor da fração do capital que representa.

No que concerne à sua natureza, em primeiro lugar devemos mencionar que as sociedades anônimas serão obrigatoriamente empresas com fins lucrativos, não se admitindo, portanto, que assuma feições típicas de uma sociedade simples. A sua personalidade jurídica é quem lhe dá autonomia, tendo o seu reconhecimento a partir do arquivamento dos seus atos constitutivos no Registro do Comércio, e somente após o seu registro é que os subscritores de suas quotas / frações serão considerados acionistas.

Desta maneira, podemos afirmar que a sociedade anônima é uma pessoa jurídica de direito privado – enquadrando-se, em razão disto, no que estabelece o art. 40 do Código Civil –, dotada de personalidade jurídica, regulada por lei, e que se destina à exploração e ao proveito de alguma atividade econômica. Embora normalmente constituída de capital privado, não existe qualquer óbice – sendo até mesmo comuns esses casos – para que também o capital público a componha, às vezes em proporção majoritária no que se refere a direito de voto, quando, então, teremos as tão conhecidas sociedades de economia mista.

Apesar de o seu contrato social, *in casu* denominado de estatuto, atribuir um grande efeito vinculativo, no sentido de fazer predominar o que normalmente se denomina de "princípio da vontade coletiva", a maioria da doutrina vem reconhecendo uma natureza institucional no que se refere às sociedades anônimas, o que, não somente reforça as idéias de autoridade e de responsabilidade, como também acena para a sua importante função social, conforme disserta longamente a respeito, por exemplo, Wilson de Souza Campos Batalha.

CONSTITUIÇÃO DAS SOCIEDADES ANÔNIMAS

Sobre a constituição da sociedade anônima, Waldemar Ferreira menciona oportunamente que não se organiza a mesma senão com obediência aosdispositivos legais que a disciplinam. Assim, segundo aquele mestre, nenhuma sociedade anônima apresenta-se "sem o organismo por ela estabelecido e de divisão e funcionamento também por ela predeterminado".

A junção de idéias, ainda objetivando a posterior criação de uma sociedade anônima, e o envolvimento de vontades para o atingimento que corresponde à sua própria criação, caracterizam, *ab initio*, um contrato plurilateral entre as pessoas interessadas, mais precisamente entre aqueles que estão subscrevendo um capital para esse fim. Essa pluralidade foi objeto de alusão por Tullio Ascarelli, que afirmou estar a mesma no fato caracterizado pela efetiva participação de mais de duas partes, assumindo todas (e, portanto, mais de duas) quer direitos, quer obrigações.

Uma interessante alusão a respeito foi apresentada por Philomeno J. da Costa, quando mencionou que, no momento em que se está fundando uma sociedade anônima, na realidade, cada participante não está contraindo obrigações com uma parte contrária, mas sim com todos os outros participantes e com um ente que se está criando, que nada mais é do que a nova sociedade anônima. E aduz: "cada participante pode ter e tem não raro interesses contrastantes com aqueles dos demais, mas todos os amoldam por meio de um escopo comum, criando um novo sujeito de direito, que é sempre a sociedade".

Não obstante todas as argumentações acima, atualmente vem dominando uma corrente doutrinária diversa, segundo a qual existiria uma espécie de contrato entre os que adquirem ações e os que promovem o chamamento – mais apropriadamente os seus fundadores –, junto aos quais se contrata uma adesão ao plano. A sua fundamentação, bem como a grande aceitação desta teoria, encontra-se, por exemplo, no art. 84 da Lei n° 6.404/76, dirigido à constituição por subscrição pública, que, em seus incisos V, VI e XI, estabelece obrigações aos que promovem a fundação da sociedade, impondo-lhes que o prospecto de fundação indique as obrigações assumidas, as vantagens concedidas aos subscritores e a qualificação dos fundadores ou promoventes.

A sociedade anônima pode constituir-se por escritura pública ou por assembléia, sendo que será por assembléia quando se tratar da sociedade de capital aberto, considerando-se o que dispõem os arts. 86 e 88 da Lei n° 6.404/76.

A) AS PROVIDÊNCIAS INICIAIS

Ao contrário do que estabelecia norma anterior a respeito do tema, não se exige mais um número mínimo de sócios para a sociedade anônima. Isto porque, embora se possa depreender do art. 80 da Lei n° 6.404/76, quando esta trata de pelo menos duas pessoas deverem subscrever o capital, temos, por outro lado, a figura da sociedade formada unicamente por uma subsidiária integral, que será a única sócia, conforme possibilita o art. 251 da mencionada lei.

Quanto ao capital previsto, ele será integralmente subscrito, impondo-se a sua realização (integralização) inicial, a título de entrada, em, pelo menos, 10% do preço de emissão das ações subscritas, o que deverá ser depositado, em dinheiro, em estabelecimento bancário. Esse depósito estará autorizado pela Comissão de Valores Mobiliários, e será a cargo do fundador, sendo que a permissão para o levantamento da quantia somente se dará após a aquisição, pela sociedade anônima, da sua personalidade jurídica. Contudo, e na hipótese de a sociedade não se formar em um prazo de até seis meses contados do dia do depósito, a instituição financeira depositária devolverá o valor aos subscritores, conforme estabelece, a respeito de toda essa matéria, o art. 81 da Lei n° 6.404/76. O depósito faz-se, na realidade, em nome do subscritor, mas em favor da sociedade em organização.

Uma exceção ao que se mencionou no parágrafo anterior, contudo, encontra-se representada pela hipótese em que se esteja a constituir uma instituição bancária, quando a realização inicial do capital terá de ser, pelo menos, no montante equivalente a 50% do capital subscrito, procedendo-se, neste caso, ao recolhimento do valor junto ao Banco Central do Brasil.

Existem, no entanto, regramentos diferentes no que se refere às sociedades anônimas, dependendo, por exemplo, se as mesmas serão de capital fechado ou aberto. À guisa de exemplificação, esta diferenciação importará, dentre outros aspectos, na forma da subscrição, que será particular (para as fechadas) ou pública (necessariamente para as abertas e facultativamente para as fechadas). Passemos então ao estudo das duas formas.

B) CONSTITUIÇÃO POR SUBSCRIÇÃO PARTICULAR

Nos termos do art. 88, *caput*, da Lei n° 6.404/76, "a constituição da companhia por subscrição particular do capital pode fazer-se por deliberação dos subscritores em *assembléia geral* ou por *escritura pública*, considerando-se fundadores todos os subscritores".

Se a forma adotada for a *assembléia*, durante a sua realização é que se aprovará o projeto do estatuto na respectiva ata, que será lavrada e assinada em duplicata por todos os seus sócios subscritores, o mesmo se dando quanto às listas ou boletins de subscrição de todas as ações. Em havendo subscrição de parte do capital em bens, já se apresenta, desde logo, a sua avaliação, servindo a ata de título para o arquivamento na Junta Comercial, e, se for o caso, para o registro de imóveis, uma vez que o art. 89 da Lei n° 6.404/76 estabelece que "a incorporação de imóveis para formação do capital social não exige escritura pública".

Na hipótese de se optar pela *escritura pública*, a mesma deverá conter, na forma em que estabelecido pelo art. 88, § 2°, da Lei n° 6.404/76, o seguinte:

a) qualificação dos subscritores;

b) estatuto da companhia;

c) relação das ações tomadas pelos subscritores e a importância das entradas pagas;

d) a transcrição do recibo do depósito referido no nº III do art. 80;

e) transcrição do laudo de avaliação dos peritos, caso tenha havido subscrição do capital em bens; e

f) nomeação dos primeiros administradores, e, quando for o caso, dos fiscais.

C) CONSTITUIÇÃO POR SUBSCRIÇÃO PÚBLICA

Na subscrição pública é que se observa o assim denominado apelo ao público investidor, onde, no caso de sociedade anônima aberta, são postas algumas ações à disposição de quem tenha interesse na sua aquisição através da oferta ao público.

A esse respeito, o art. 19, § 3º, da Lei n° 6.385/76 estabeleceu que somente a partir da admissão pela CVM, com o prévio registro, é que a companhia estará autorizada a colocar os seus papéis para a negociação no mercado aberto. E, em casos que tais, somente se poderá oferecer tal possibilidade de subscrição com a intermediação de uma instituição financeira, devendo-se demonstrar:

a) o estudo da viabilidade econômica e financeira do empreendimento;

b) o projeto do estatuto social, nos termos do art. 83 da Lei n° 6.404/76;

c) o prospecto, organizado e assinado pelos fundadores e pela instituição financeira intermediária.

No que se refere ao prospecto, este deverá mencionar, com precisão e clareza, as bases da companhia e os motivos que justifiquem a expectativa de bom êxito do empreendimento, informando especialmente as exigências apresentadas pelos diversos incisos do art. 84 da Lei n° 6.404/76, cuja leitura recomendamos.

CAPÍTULO 15

CAPITAL SOCIAL E TÍTULOS EMITIDOS PELAS SOCIEDADES ANÔNIMAS

CAPITAL SOCIAL E AÇÕES

Conforme já tivemos a oportunidade de estudar em Capítulo anterior, o patrimônio da sociedade anônima poderá ser formado, não apenas por dinheiro em espécie, mas também por bens, corpóreos e/ou incorpóreos, mas cujo valor possa ser expresso, através de avaliação, em moeda corrente. Assim, com a integralização do capital subscrito, os sócios de uma S.A. adquirem, como regra, uma quantidade correspondente de ações. Desta maneira, a participação de cada sócio na sociedade anônima vai equivaler ao montante das ações adquiridas sobre o capital.

A respeito do tema, dois dispositivos, constantes da Lei n° 6.404/76, já se sobressaem. São eles os seguintes artigos:

a) o art. 11, §3°, ao determinar que o valor nominal das ações de companhia aberta não poderá ser inferior ao mínimo fixado pela Comissão de Valores Mobiliários (CVM); e

b) o art. 22, que trata da conversibilidade de uma espécie – ou forma, como dispõe expressamente o artigo – de ação em outra.

No entanto, o art. 11, *caput*, da Lei n° 6.404/76, estabelece a faculdade, relativamente ao estatuto, no que concerne à atribuição, ou não, de um valor nominal às ações da sociedade anônima. Na hipótese de não-atribuição, observar-se-á o seguinte:

a) prevalecerá o preço de emissão, que será fixado, na constituição da companhia, pelos fundadores, e, no aumento da capital, pela assembléia geral ou pelo conselho de administração, conforme possibilitam os arts. 166 e 170, §2°, ambos da Lei n° 6.404/76;

b) o estatuto poderá, mesmo assim, criar uma ou mais classes de ações preferenciais com valor nominal;

c) o preço de emissão poderá ter parte dele fixada para a formação de reserva de capital, no caso de emissão de ações preferenciais com prioridade no reembolso da capital. Mas, nestes casos, somente a parcela que ultrapassar o valor de reembolso poderá ter essa destinação.

De qualquer modo, o preço de emissão deverá seguir o parâmetro indicado pelo art. 170, §1º, da Lei nº 9.457/97, que estabelece a sua fixação, sem diluição injustificada da participação dos antigos acionistas, ainda que tenham direito de preferência para subscrevê-las, tendo em vista, alternativa ou conjuntamente, o seguinte:

a) perspectiva de rentabilidade;

b) valor do patrimônio líquido da ação; e

c) a cotação de suas ações em Bolsa de Valores ou no mercado de balcão organizado, admitido o ágio ou deságio em função das condições do mercado.

Quanto às possibilidades de alterações, nas hipóteses de valor nominal das ações, no que diz respeito a reflexos das mudanças no próprio capital social, estas são bastante variadas, sendo que Philomeno J. da Costa, discrimina, de maneira objetiva, as seguintes situações:

a) o *valor nominal* e/ou o *número das a*ções de uma sociedade poderá ser alterado *voluntariamente*, quanto também for modificado o valor de seu capital;

b) o *valor nominal* e/ou o *número de ações* será *obrigatoriamente* alterado quando se observar uma modificação na expressão monetária do seu capital;

c) o *valor nominal* e/ou o *número das ações poderá* ser alterado quando houver o desdobramento delas;

d) o *valor nominal* e/ou o *número das ações poderá* ser alterado quando houver o grupamento delas;

e) o *valor nominal* e/ou *o número das ações poderá* ser alterado, finalmente, quando houver o cancelamento de ações autorizado por lei.

O estatuto da sociedade anônima pode determinar que o aumento do capital se verifique sem que haja a necessidade de sempre ocorrer, para isto, a reforma do próprio estatuto. Em casos que tais, será facultada a emissão de ações por série, significando a divisão do capital em lotes sucessivos de ações, colocados no mercado de acordo com a obtenção do capital. A essas sociedades anônimas se lhes denomina de *sociedades de capital autorizado*.

TÍTULOS EMITIDOS PELAS SOCIEDADES ANÔNIMAS

Embora tenhamos aludido, até o momento, às *ações*, é importante mencionar que as sociedades anônimas emitem diversos títulos de investimento ou valores mobiliários, títulos esses que servem para a captação dos recursos necessários para o desempenho de sua atividade empresarial.

Dentre as inúmeras modalidades, cinco delas apresentam-se como merecedoras de uma atenção especial, que são as seguintes: as próprias ações, as partes beneficiárias, as debêntures, o bônus de subscrição e o *commercial paper*. Analisemos, ainda que sucintamente, cada uma delas.

A) AÇÕES

Representando as frações em que se encontra dividido o capital social, as ações têm a sua previsão nos arts. 11 a 45, todos da Lei n° 6.404/76, sendo que, nos termos do art. 28 da mencionada lei, ela é sempre *indivisível* em relação à sociedade anônima (companhia), e, quando a ação for pertencente a mais de uma pessoa, os direitos por ela conferidos serão exercidos por um representante do condomínio.

Às ações são aplicáveis, como já informamos antes, as figuras do ágio e deságio, relativamente ao preço de emissão. Ocorrerá o ágio quando se alcançar um preço de venda na ação superior ao seu valor nominal, enquanto que ocorrerá deságio quando o preço de venda for inferior ao nominal.

No que se refere à sua classificação, tivemos a oportunidade de tratar da divisão quanto ao seu conteúdo, onde as ações podem ser *de valor nominal* ou *sem valor nominal*. Entretanto, interessa-nos um estudo mais pormenorizado, pela importância que representa o tema, acerca da clássica divisão das ações quanto aos direitos que encerram, considerando-se a previsão contida no art. 15 da Lei n° 6.404/76. As ações podem ser:

a) *ordinárias* – que dão, em princípio, aos seus possuidores, a plenitude dos direitos sociais, uma vez que concedem os direitos comuns de controle político e decisório das sociedades. Isto porque os votos, nas assembléias, não são tomados por *pessoas*, mas sim por *número de ações*. São consideradas próprias das sociedades fechadas, e permitem, por exemplo, a subdivisão em classes diferentes, que se encontram disciplinadas no art. 16 da Lei n° 6.404/76, levando-se em consideração os elementos da conversibilidade em ações preferenciais, exigência da nacionalidade brasileira do acionista e do direito de voto em separado para o preenchimento de determinados cargos de órgãos administrativos;

b) *preferenciais* – são as ações às quais é concedido algum tipo de tratamento prioritário que se encontra elencado no art. 17 da Lei n° 6.404/76 – com a redação que lhe deu a Lei n° 10.303/2001 –, mas que poderão ser privadas ou restringidas do direito de voto, consoante expressamente mencionado no art. 17, §1º, da Lei n° 6.404/76; e as

c) ações de *gozo* ou *fruição* – possibilitadas pelo art. 44, §5º, da Lei n° 6.404/76, correspondem àquelas que substituem as outras espécies de ações quando estas são amortizadas, compreendendo-se por amortização, segundo a conceituação dada por Fran Martins, como o “fato de, tendo a sociedade fundos disponíveis, antecipar aos acionistas importâncias que lhes poderiam tocar em caso de liquidação”. Possuem o direito de voto uma vez que lhes cabe a expectativa de partilhar do acervo remanescente da companhia em caso de sua dissolução.

Apenas à guisa de informação, existem outras classificações consagradas, *v.g.* aquela que distingue as ações em nominativas (onde estão identificados os respectivos titulares, que são os acionistas) e escriturais (previstas no art. 34 da Lei n° 6.404/76, e que dispensariam a emissão de certificados, mantidas em contas de depósitos em instituição bancária autorizada, em nome dos respectivos titulares).

B) PARTES BENEFICIÁRIAS

Previstas nos arts. 46 a 51 da Lei n° 6.404/76, as *partes beneficiárias* são títulos negociáveis, sem valor nominal e estranhas ao capital social. Com elas, confere-se, aos seus titulares, direito de crédito eventual contra a sociedade anônima (companhia), consistente na participação nos lucros anuais, que, contudo, estará limitada a um décimo dos lucros, consoante se depreende do art. 46, §§1º e 2º, da Lei n° 6.404/76.

Quanto às espécies, as partes beneficiárias poderão ser nominativas ou escriturais, mas, ao contrário do que observamos relativamente às ações, aquelas não poderão ser divididas em classes ou séries, bem como não lhes é permitida a emissão como beneficiárias. Ainda com relação às ações, as partes beneficiárias poderão ser convertidas nas mesmas, nos termos do art. 48, §2º, da Lei nº 6.404/76, desde que previsto nos estatutos e devidamente acompanhadas da capitalização de reserva criada para este fim.

No que diz respeito à sua emissão e alienação, o art. 47, *caput*, da Lei nº 6.404/76, determina que "as partes beneficiárias poderão ser alienadas pela companhia, nas condições determinadas pelo estatuto ou pela assembléia geral, ou atribuídas aos fundadores, acionistas ou terceiros, como remuneração de serviços prestados à companhia".

C) DEBÊNTURES

Das debêntures cuida, de maneira pormenorizada, a Lei nº 6.404/76, em seus arts. 52 a 74.

Enquanto que as ações significam frações do capital social da companhia, as debêntures representam um crédito, decorrente de um empréstimo tomado pela sociedade anônima, a médio ou longo prazo, junto a seus investidores, e apto a desencadear a execução na hipótese de inadimplência por parte da sociedade, inadimplência esta que se caracteriza pelo seu não-resgate no prazo e termos fixados por um instrumento chamado de "escritura de emissão".

Não obstante o mencionado no parágrafo anterior, a jurisprudência não tem ainda olhado, com a necessária simpatia, para as questões envolvendo debêntures como garantia de obrigações, embora seja de grande verificação na prática. Isto porque vem predominando nos tribunais o entendimento de que, quanto às debêntures, pelo fato de seu valor de mercado decorrer da livre negociação, não se pode falar, quanto à mesma, em plena liquidez, típica dos títulos cotáveis em bolsa, o que lhe retiraria, ainda, o requisito de "caução idônea" exigido, por exemplo, no art. 11, inciso II, da Lei nº 6.830/80.

Quanto à sua classificação, o art. 58 da Lei nº 6.404/76 divide as debêntures em quatro espécies, a saber:

a) com garantia real – prevista no *caput* do mencionado artigo, encontra-se atrelada a um bem, que pode pertencer ou não à sociedade, *v.g.* um imóvel hipotecado dado em garantia do seu resgate;

b) com garantia flutuante – mencionada no *caput* daquele artigo, e disciplinada pelo seu primeiro parágrafo, esta espécie assegura aos seus titulares um privilégio geral sobre o ativo da S.A., mas que não impede a negociação dos bens que compõem esse ativo. Em casos de liquidação da companhia, as debêntures com esta garantia terão preferência sobre os créditos quirografários;

c) quirografárias – estas debêntures, que não possuem qualquer preferência ou privilégio, concorrem com todos os demais créditos da sociedade em caso de dissolução da sociedade; e as

d) subordinadas – previstas no mesmo art. 58, em seu §4º, são aquelas em que a preferência verifica-se apenas em face dos próprios acionistas, no ativo remanescente, se ainda tiver sobrado alguma coisa, em caso de dissolução da companhia.

D) BÔNUS DE SUBSCRIÇÃO

Os bônus de subscrição são valores mobiliários, previstos nos arts. 75 e seguintes da Lei n° 6.404/76, com as características do certificado exigidas pelo seu art. 79, que conferem aos seus titulares o direito de subscrever ações por ocasião do aumento de capital da sociedade anônima. Para tal, dever-se-á apresentar este título e a prova de pagamento de emissão das ações perante instituição bancária credenciada para tal.

Por exigência prevista no caput do art. 78 (Lei n° 6.404/76), os bônus de subscrição terão a forma *nominativa*.

Aduza-se, ainda, que os bônus de subscrição serão alienados pela companhia ou por ela atribuídos, como vantagem adicional, aos subscritores de emissões de suas ações ou debêntures, gozando, os acionistas da sociedade anônima, de preferência para subscrever a emissão de bônus.

E) COMMERCIAL PAPER

Disciplinados pela Instrução n° 134/90 da Comissão de Valores Mobiliários, os *commercial papers* servem para a captação de recursos de curto prazo no mercado de capitais, ao contrário das debêntures, que, como já observamos, destinam-se à captação de recursos a médio e longo prazos.

Semelhantes, na prática, às notas promissórias, os *commercial papers* somente podem ser transferidos por endosso em preto e deles deverão constar expressamente a cláusula “sem garantia”. São negócios realizados entre empresas e intermediados por instituições bancárias.

CAPÍTULO 16

ESPÉCIES DE SOCIEDADES ANÔNIMAS

CONSIDERAÇÕES INICIAIS

Conforme a companhia tenha, ou não, ações negociadas no mercado, pode-se dividir as sociedades anônimas em duas espécies: as de capital aberto e aquelas de capital fechado.

Sobre as duas espécies já tivemos, inclusive, a oportunidade de fazer menção em alguns tópicos de Capítulos anteriores. Agora iremos proceder ao estudo de algumas questões relacionadas a ambas as espécies, esperando, com isto, uma melhor compreensão do "todo".

Ab initio, em termos legislativos, a matéria encontra-se disciplinada no art. 4º da Lei n° 6.404/76 – com a modificação sofrida em virtude da Lei n° 10.303/2001 –, quando afirma o seguinte: "Para os efeitos desta Lei, a companhia é aberta ou fechada conforme os valores mobiliários de sua emissão estejam ou não admitidos à negociação no mercado de valores mobiliários". Historicamente, a norma que disciplinava anteriormente a matéria, *in casu* o Decreto-lei n° 2.627/40, não fazia a distinção prevista no art. 4º da Lei n° 6.404/76, quando então ainda possuía regras amplas e que disciplinavam as sociedades abertas e as fechadas sem qualquer distinção.

SOCIEDADES DE CAPITAL ABERTO

A primeira espécie compreende as *sociedades anônimas de capital aberto*. Neste tipo de sociedade as suas ações são disponibilizadas, para fins de comercialização, ao público em geral, o que se dá pelo mercado de balcão ou pela Bolsa de Valores.

Diversos são os motivos pelos quais uma empresa pode ter interesse em abrir o seu capital, mas os especialistas da área são unânimes em afirmar que a razão mais comum é a de se poder contar com a facilidade no acesso e obtenção dos recursos necessários para se levar adiante os projetos de investimento. Assim, em casos que tais, o que a sociedade está fazendo é recorrer, com as ações vendidas no mercado, à utilização do capital de terceiros, através de títulos – conforme já estudamos na Unidade anterior –, ou, ainda, pela admissão de novos sócios.

No que concerne às operações de venda de ações ao público, também denominadas de *over-counter*, estas são praticadas por instituições que devem ter autorização expressa para esse tipo de atividade, o que deverá observar, dentre outros aspectos, o constante na Lei n° 6.385/76 (que *dispõe sobre o mercado de valores mobiliários e cria a Comissão de Valores* Mobiliários, que trata, *v.g.* da "Negociação no mercado", em seu Capítulo IV, e "Das companhias abertas", em seu Capítulo V), no que concerne ao art. 21, *caput*, daquela lei, passando a disciplinar que a "Comissão de Valores Mobiliários manterá, além do registro de que trata o art. 19: I – o registro para negociação na Bolsa; II – o registro para negociação no mercado de balcão, organizado ou não". Este segundo inciso teve a sua redação determinada pela Lei n° 9.457/97.

No que se refere ao assim denominado *mercado de balcão*, as atividades desta espécie de mercado consistem naquelas que são realizadas com sociedades que tenham por objeto a compra de valores mobiliários em circulação no mercado, para revender por conta própria. Igualmente estão aí compreendidas, conforme oportunamente mencionado por Paulo Roberto Tavares Paes, as operações realizadas com a participação de instituições financeiras que emitam valores mobiliários, bem como também aquelas com participação de sociedades que tenham por objetivo a mediação na negociação de valores mobiliários.

De acordo com a regra introduzida pela Instrução CVM n° 351, de 24/04/2001, o mercado de balcão compreende duas categorias, a saber:

a) mercado de balcão organizado – seus negócios são supervisionados por entidade auto-reguladora, com funcionamento autorizado pela Comissão de Valores Mobiliários, nos termos da Instrução n° 243; e

b) mercado de balcão não organizado – onde os negócios não são supervisionados por entidade auto-reguladora.

Na prática, continuam sendo mais comuns as *negociações através de Bolsa de Valores*, concentradas em entidades instituídas e autorizadas pelo Banco Central do Brasil, onde as vendas operam-se pela utilização de pregões, sendo que o valor de mercado será caracterizado principalmente pela expectativa de lucratividade, e, o que às vezes gera alguma queda mais acentuada, pelo que se denomina de "realização dos lucros".

Segundo Arnaldo Rizzardo, a idéia mais exata sobre a finalidade de sua instituição é que as Bolsas de Valores são instituições civis, sem fins lucrativos, constituídas por sociedades corretoras, que se tornam seus membros, com a sua atuação sendo supervisionada por uma autarquia federal denominada de Comissão de Valores Mobiliários (CVM). Ou, no dizer de Vera Helena de Mello Franco, "é o local onde se realizam as negociações, posto que mercado *apregoado* e não mercado negociado (como ocorre com o mercado de balcão não organizado), é o estado das operações, cujos resultados afetam a economia como um todo (basta lembrar a Bolsa de Nova Iorque em 1929), e é a instituição, com suas características peculiares de mercado hétero ou auto-regulado, freqüentada por comerciantes, com a despersonalização ou objetivação dos contratos, papéis e mercadorias ali negociados".

Uma importante questão a respeito das sociedades abertas encontra-se no disposto no art. 4-A, acrescentado à Lei n° 6.404/76 pela Lei n° 10.303/01, que estabelece, dentre outras coisas, a possibilidade, prevista no seu *caput*, de uma convocação de assembléia especial dos acionistas titulares para fins de determinação do valor de avaliação da companhia. No entanto, o seu dispositivo que representa maior importância para o nosso estudo desta Unidade encontra-se no § 2º do mesmo art. 4-A, ao afirmar que "consideram-se ações em circulação no mercado todas as ações do capital da companhia aberta menos as de propriedade do acionista controlador, de diretores, de conselheiros de administração e as em tesouraria". Este dispositivo justifica-se até mesmo para que se possa ter o *quorum* de 10% exigido no *caput* do mesmo artigo, pois, caso contrário, estaria esvaziado o direito, diante da quase impossibilidade material de se obter o consenso em percentual que seria muito mais significativo se não fossem essas "exclusões".

Aduza-se, ainda, que é também conferida à Comissão de Valores Mobiliários (CVM) a competência para disciplinar as matérias que envolvem a fixação do preço de mercado das ações. E essa regulamentação encontra-se principalmente na Instrução CVM n° 361, de 05/03/2002, disponível para acesso, juntamente com outros regramentos, no site da própria CVM.

Finalmente, o art. 255 da Lei n° 6.404/76 menciona que, nos casos de alienação do controle de companhia aberta que dependa de autorização governamental para funcionar, a mesma estará sujeita à prévia autorização do órgão competente para aprovar a alteração do seu estatuto.

AS SOCIEDADES DE CAPITAL FECHADO

Caracterizam-se, as sociedades de capital fechado, por possuir, na maioria das vezes, um grupo mais restrito de sócios, uma vez que as suas ações não são colocadas à venda nem pelo mercado de balcão, nem por intermédio da Bolsa de Valores. Em casos que tais, as vendas efetuam-se mediante oferta interna, ou, ainda, diante da procura por interessados, mas de maneira reservada.

No caso das sociedades anônimas de capital fechado, a sua constituição é bastante simplificada na hipótese em que a empresa conjugar o fator de ter menos de vinte sócios e o seu patrimônio não ultrapassar o montante de R$ 1.000.000,00 (um milhão de reais), onde então se lhe aplicará o disposto no art. 294 da Lei n° 6.404/76, desde que não se trate de companhia controladora de grupo de sociedades, ou a ela filiados, considerando-se a expressa exclusão constante do § 3º do mesmo artigo já mencionado. Para tal, basta a convocação de assembléia geral, utilizando-se, para tal, da entrega a todos os acionistas, contra recibo, e com o primeiro anúncio guardando uma antecedência mínima de oito dias da data da realização da assembléia. Em caso de não realização da assembléia, deverá ser publicado um novo anúncio – relativo à segunda convocação –, onde será observada uma antecedência mínima de cinco dias.

Uma outra vantagem para tal tipo de sociedade, no que concerne às "simplificações burocráticas", diz respeito ao fato de que, com exceção também dos tipos de empresa mencionados no art. 294, § 3º, da Lei n° 6.404/76, a participação dos administradores nos lucros da sociedade dá-se mesmo que não tenha sido reservada a parcela correspondente ao dividendo obrigatório. Isto desde que seja aprovado pela unanimidade dos acionistas, conforme fixado no art. 294, § 2º, da supramencionada lei.

CAPÍTULO 17

HIPÓTESES DE DISSOLUÇÃO, LIQUIDAÇÃO E EXTINÇÃO DA SOCIEDADE ANÔNIMA

CONSIDERAÇÕES INICIAIS

A Lei n° 6.404/76, também conhecida como a Lei das Sociedades Anônimas, trata, em um único Capítulo (o de número XVII), da dissolução, liquidação e extinção das companhias.

Com a *dissolução*, de que trata a Lei n° 6.404/76, em seus arts. 206 e 207, declara-se desconstituída a sociedade anônima, seja por deliberação em assembléia ou por determinação judicial, ou resolve-se dar término à atividade empresarial.

Já a *liquidação*, tratada, pela Lei n° 6.404/76, em seus arts. 208 a 218, representa a fase de execução da etapa anterior, onde se busca a obtenção do resultado entre o ativo e o passivo da sociedade.

E, relativamente à *extinção*, dela cuida a Lei n° 6.404/76 em um único artigo (art. 219), no sentido de que esta faz desaparecer a sociedade, após a distribuição do patrimônio líquido ou de obrigações pendentes, ou, ainda, no caso de desaparecimento do seu capital uma vez que este for vertido em favor de outra sociedade, por exemplo, nos casos de incorporação, fusão ou cisão.

Neste Capítulo, vamos tratar destas três figuras, a saber: dissolução, liquidação e extinção das sociedades anônimas.

DISSOLUÇÃO DAS SOCIEDADES

Seguindo a própria ordem natural das coisas, a exemplo da maneira como também procedeu a Lei n° 6.404/76, analisaremos, em primeiro lugar, a *dissolução* da sociedade.

Consoante afirma Arnaldo Rizzardo, com a dissolução declara-se ou decreta-se a cessação da sociedade, sem que, contudo, esta deixe de funcionar, uma vez que a companhia perdura até a realização de providências para a sua retirada final, que ainda não se dá nesta fase.

Como afirma Mauro Rodrigues Penteado, ao tratar deste tema, continua a existir a personalidade jurídica da sociedade, uma vez que "permanece o seu centro autônomo de imputação de direitos e obrigações, com administração, domicílio, contabilidade e patrimônio próprios". É neste mesmo aspecto que o art. 207 da Lei n° 6.404/76 estabelece que a companhia dissolvida conserva a personalidade jurídica até a extinção, exatamente para os fins de que se lhe proceda à liquidação.

Por outro lado, e embora já tenhamos verificado que não se opera, em casos que tais, a extinção da sociedade, podemos observar que ocorre apenas uma limitação da sua capacidade jurídica, limitação esta que pode ser revertida, razão pela qual a doutrina e a jurisprudência fixaram o entendimento de que, até aí, se pode retornar a sociedade à sua existência plena.

Analisando o art. 206 da Lei n° 6.404/76, observamos que a dissolução da companhia poderá verificar-se:

a) de *pleno direito* (inciso I);

b) por *decisão judicial* (inciso II);

c) por *decisão de autoridade administrativa competente* (inciso III).

A) DISSOLUÇÃO DE PLENO DIREITO

Relativamente à dissolução de pleno direito, esta pode ser observada em qualquer das cinco hipóteses mencionadas no art. 206, inciso I, e que correspondem aos seguintes casos (não exaustivos, uma vez que outras possibilidades poderão ocorrer):

a) pelo término do prazo de duração;

b) nos casos previstos no estatuto;

c) por deliberação da assembléia geral, conforme previsto no art. 136, inciso X, da Lei n° 6.404/76 (nestes casos, o caminho a ser seguido é o administrativo, onde, então, poderão ocorrer as transações e decisões internas);

d) pela existência de um único acionista, verificada em assembléia geral ordinária, se o mínimo de dois não for reconstituído até à do ano seguinte, ressalvado o disposto no art. 251 da Lei n° 6.404/76, que trata da subsidiária integral (observe, a respeito, o que mencionamos em capítulo anterior sobre a posição da jurisprudência, que pode até mesmo entender da validade dependendo da função social que a companhia exerça em determinado local); e

e) pela extinção, na forma da lei, da autorização para funcionamento.

Em todos os casos de dissolução de pleno direito, se a sociedade não tomar a iniciativa nas providências para se chegar à fase seguinte (liquidação), e se esta última for a vontade de sócios, qualquer dos acionistas poderá exercer o seu direito, quando então a liquidação será judicial, nos termos em que possibilita o art. 209, I, da Lei n° 6.404/76.

B) DISSOLUÇÃO POR DECISÃO JUDICIAL

Relativamente às hipóteses de dissolução por decisão judicial, a Lei n° 6.404/76, em seu art. 206, inciso II, estabelece as suas possibilidades em número de três (situações também não exaustivas). São elas:

a) quando anulada a sua constituição (*v.g.* em casos de vício formal, objeto ilícito, falta de requisitos do contrato social, incapacidade dos sócios, defeitos no consentimento, etc.), em ação proposta por qualquer acionista;

b) quando provado que não pode preencher o seu fim (teoria finalística da sociedade, ligada, *in casu*, à perda do objeto social ou da finalidade, por exemplo, quando fabricava medicamentos que passaram a ser proibidos pela autoridade sanitária), em ação proposta por acionistas que representem pelo menos 5% do capital social; e

c) em caso de falência, na forma prevista na respectiva lei (que, nos dias atuais, se opera pela aplicação da Lei n° 11.101, de 09/02/05).

Tratando-se de decorrência da via judicial, isto importa sempre em deixar garantida, em todas as situações, a utilização da ampla defesa e do direito ao contraditório.

Embora não previstas especificamente nesta parte da lei, existem situações como a total incompatibilidade entre os sócios, ou a ausência demonstrada da *affectio societatis*, dentre outras hipóteses que podem ensejar a procura da via judicial para os fins de se alcançar a dissolução da sociedade anônima.

Quanto à legitimidade para a dissolução em casos que tais, esta será dos sócios, consoante se depreende, não somente do art. 209, inciso I, mas também de uma série de outros dispositivos legais, tais como os arts. 123, "d", 126, §§1° e 2° e 159, §§ 3°, 4° e 7°, todos eles da Lei n° 6.404/76.

C) DISSOLUÇÃO POR DECISÃO ADMINISTRATIVA

O art. 206, inciso III, da Lei n° 6.404/76, que autoriza a dissolução de uma sociedade anônima por decisão de autoridade administrativa é fruto de um período de exceção observado durante o assim conhecido como "regime militar".

Atualmente, procura-se dar uma outra conotação ao dispositivo supramencionado, inclusive para se reconhecer o fato de que uma simples "canetada" da administração pública não tem o condão de dissolver uma sociedade anônima. Para tal, faz-se mister o ajuizamento de uma ação, onde se permita, também aqui, um amplo contraditório. Corroborando esta nova visão, temos que o art. 209, inciso II, da Lei n° 6.404/76, ao tratar da dissolução judicial, afirma que esta poderá ter início "a requerimento do Ministério Público, à vista de comunicação da autoridade competente, se a companhia, nos 30 (trinta) dias subseqüentes à dissolução, não iniciar a liquidação ou se, após iniciá-la, interrompê-la por mais de 15 (quinze) dias, no caso da alínea *e* do n.1 do art. 206" (grifo nosso).

Não obstante, e como menciona Arnaldo Rizzardo, existem vários diplomas legais que autorizam a dissolução, ou, pelo menos, a interdição. À guisa de exemplos, podemos mencionar a Lei n° 8.884/94 (que dá autonomia neste sentido ao CADE-Conselho Administrativo de Defesa Econômica), bem como o Código de Defesa do Consumidor (Lei n° 8.078/90), que, em seu art. 56, admite essa possibilidade.

LIQUIDAÇÃO DA SOCIEDADE

Como já tivemos a oportunidade de manifestar a respeito, a sociedade continua existindo com a sua "dissolução", fazendo-se necessário o cumprimento de uma fase posterior e que diz respeito exatamente à *liquidação*. Pois é com a liquidação que se realiza o ativo, cumpre-se os compromissos previstos no passivo, e, em existindo saldo, rateia-se o mesmo entre os sócios.

Quanto à sua forma, a liquidação poderá ser *extrajudicial* – quando então se dará pelos órgãos da própria sociedade, cabendo, à assembléia geral, por exemplo, nomear o liquidante e o Conselho Fiscal que deverão funcionar durante o período de liquidação, nos casos de dissolução de pleno direito – ou *judicial* (nos casos previstos no art. 209 da Lei n° 6.404/76).

Quer se dê, a liquidação, pela via extrajudicial ou judicial, a figura principal da sociedade será o seu *liquidante*, que possui os mesmos deveres e responsabilidades do administrador (art. 217 da Lei n° 6.404/76). É o *liquidante* quem atuará em todos os atos e operações, e a quem caberá o uso da denominação social da companhia, sempre seguida da expressão "em liquidação", conforme determinado no art. 212 da Lei n° 6.404/76. Se a liquidação for judicial, o liquidante será nomeado pelo juiz, nos expressos termos do art. 209, parágrafo único, da supramencionada lei.

EXTINÇÃO DA SOCIEDADE

No que se refere à extinção da sociedade, esta se dará nas hipóteses abstratamente previstas no art. 219 da Lei das Sociedades Anônimas, que estabelece:

a) pelo encerramento da liquidação;

b) pela incorporação ou fusão, e pela cisão com versão de todo o patrimônio em outras sociedades.

Sobre a liquidação, já existe manifestação expressa em tópico anterior desta Unidade. Relativamente à hipótese contida na letra "b" acima, resta-nos tecer algumas considerações.

Iniciamos com a *incorporação*, que, nos termos do conceito apresentado no art. 227 da Lei n° 6.404/76, "é a operação pela qual uma ou mais sociedades são absolvidas por outra, que lhes sucede em todos os direitos e obrigações".

No que concerne à *fusão*, trata-se de situação que também apresenta o seu conceito legal previsto no art. 228 da Lei n° 6.404/76, e corresponde à "operação pela qual se unem duas ou mais sociedades para formar sociedade nova, que lhes sucederá em todos os direitos e obrigações.

Finalmente, e no que diz respeito à *cisão*, o art. 229 da Lei das Sociedades Anônimas conceitua-a como a operação pela qual a companhia transfere parcelas do seu patrimônio para uma ou mais sociedades, constituídas para esse fim ou já existentes, extinguindo-se a companhia cindida, se houver versão de todo o seu patrimônio, ou dividindo-se o seu capital, se parcial a versão.

Em qualquer das hipóteses, é bom se observar, faz-se mister que se promova o arquivamento e a publicação dos atos de cada uma das operações que tratamos neste tópico, conforme exigem os parágrafos, sobre o tema, contidos em cada um dos artigos anteriormente mencionados, relativamente à incorporação, fusão e cisão.

Nas situações de incorporação e cisão aqui analisadas, há a possibilidade de que um sócio porventura dissidente retire-se da sociedade, com exceção da hipótese prevista no art. 137, inciso II da Lei das S. A. (art. 230 da mesma lei). O prazo para o exercício desse direito de retirada será contado a partir da ata que aprovar o protocolo ou justificação, ficando o pagamento do reembolso, contudo, sendo devido apenas na hipótese de a operação vir a efetivar-se.

CAPÍTULO 18

SOCIEDADES EM COMANDITA POR AÇÕES

INTRODUÇÃO

A sociedade em comandita por ações, prevista em nosso Código Civil nos seus artigos 1.090 a 1.092, representa uma espécie de sociedade com pouco uso na prática, pelas mesmas razões que tocam a outros tipos de sociedade anteriormente estudados. Tratando deste tipo de sociedade na França, Georges Ripert chegou a afirmar, há mais de cinqüenta anos, que "a sociedade em comandita por ações desapareceu. Se ela é mantida na França, não é, sem dúvida, senão pela força da tradição, e não creio que se criem muitas novas". A mesma crítica é perfeitamente cabível ao nosso Código Civil, relativamente à matéria.

O motivo para tal encontra-se consubstanciado no fato de que a comandita por ações, organizada à semelhança das sociedades anônimas – conforme prevê expressamente o art. 1.090 do Código Civil, tendo, inclusive, o seu capital dividido em ações –, representa uma espécie onde os seus acionistas diretores respondem em caráter subsidiário e ilimitado pelas obrigações sociais.

O Código Civil vigente, conforme já mencionamos em Unidade anterior, procurou mencionar superficialmente as sociedades por ações com o intuito de manter centralizado o tema do direito de empresa em seu âmbito. No entanto, e a exemplo do que fez com relação às sociedades anônimas, apresentou-a fazendo expressa menção à lei especial. Assim, haveria de se aplicar, em princípio, à sociedade em comandita por ações, a Lei n° 6.404/76, onde a mesma encontra-se disciplinada em seus artigos 280 a 284. No entanto, verifica-se uma coincidência entre a abordagem constante do Código Civil e aquela feita pelos supramencionados dispositivos. Ou seja: ambos estabelecem a mesma coisa, embora a redação dos artigos concernentes à Lei das S.A. seja mais completa. Isto fez com que a doutrina (*v.g.* Arnaldo Rizzardo) passasse a defender, acreditamos que com um certo exagero, o fato de que somente as normas comuns da sociedade anônima é que incidem, isso relativamente aos aspectos não regidos pelo novo Código Civil.

CARACTERIZAÇÃO E CATEGORIAS

A sociedade em comandita por ações representa uma espécie do gênero sociedades estatutárias ou institucionais. Assim, estas se constituem por um estatuto social, devidamente registrado na Junta Comercial.

Diante da natureza institucional, e não contratual, da sociedade em comandita por ações, Fran Martins afirmou que a entrada ou retirada de um dos acionistas não afeta a pessoa jurídica, podendo, igualmente, os menores e incapazes a ela se associarem. Contudo, ainda segundo o autor mencionado, não poderão os menores ou incapazes ocupar as funções de gerentes ou diretores, porque nesses casos assumem responsabilidade solidária e ilimitada pelas obrigações sociais.

Para o desenvolvimento de suas atividades, esta espécie societária poderá utilizar-se, relativamente ao seu nome empresarial, de firma ou razão social (onde somente farão parte os nomes dos sócios diretores ou gerentes, e, na hipótese de constar nome de quem não seja diretor ou gerente, este também ficará responsável nos mesmos termos), ou , ainda, pelo uso de denominação social (a exemplo do adotado relativamente às sociedades anônimas nos termos do art. 3º da Lei nº 6.404/76). Porém, em qualquer das hipóteses, a sociedade em comandita por ações deverá utilizar-se sempre das palavras "Comandita por Ações", por extenso ou abreviadamente, conforme estabelece o art. 281, parágrafo único, da Lei nº 6.404/76.

Quanto às categorias de sócios, a sociedade em comandita por ações, a exemplo do que também verificamos no que se refere à sociedade em comandita simples, possui duas categorias de sócios:

a) os *comanditados* – que respondem ilimitadamente pelas obrigações sociais assumidas, admitindo-se apenas que sejam excutidos os bens da sociedade antes de se lhes exigir a imposição daquela responsabilidade. Isto deverá se dar com o lapso temporal de até um biênio, nos termos do art. 1.091, §3º , do Código Civil; e

b) os *comanditários* – onde a responsabilidade fica limitada ao direito de se lhes exigir a integralização do montante do capital subscrito. Relativamente a estes, os credores têm o direito limitado apenas ao de exigir a satisfação do crédito no equivalente às ações subscritas, e ainda não totalmente integralizadas.

CAPITAL SOCIAL E TÍTULOS

Relativamente ao capital das sociedades em comandita por ações, este será dividido em ações, dando cada ação o direito a um voto nas deliberações sociais, e onde os acionistas respondem pela integralização dessas ações, nos termos em que já mencionamos no tópico anterior deste Capítulo.

Mas, além das ações, a sociedade em comandita por ações também poderá fazer uso de partes beneficiárias e debêntures (figuras já por nós estudadas anteriormente), sendo que a criação dos mencionados títulos só poderá ser deliberada pela assembléia geral, com o consentimento dos diretores e gerentes para tal, consoante se depreende do contido no art. 283 da Lei n° 6.404/76, repetido no art. 1.092 do Código Civil.

Apenas à guisa de lembrança, as partes beneficiárias e as debêntures representam valores mobiliários sujeitos à livre negociação no mercado, com o seu uso normalmente voltado à necessidade do aporte de capital de giro para a sociedade.

ALTERAÇÕES EM ELEMENTOS ESSENCIAIS DA SOCIEDADE

Conforme se observa no contido no art. 1.092 do Código Civil, este não se limita a admitir a possibilidade de criação das debêntures e das partes beneficiárias, mas vai muito além disso: proíbe a mudança, pela assembléia geral, do objeto essencial da sociedade, a prorrogação do prazo de duração, bem como o aumento ou a diminuição do capital social, salvo quando isto se verificar com o consentimento dos diretores.

Assim, e ainda que a assembléia geral de acionistas seja a instância máxima de deliberação em tais tipos de sociedades, os acionistas que integram a administração, porque responsáveis ilimitadamente no que se refere ao cumprimento das obrigações sociais, e ainda que participem minoritariamente no capital – e, conseqüentemente, no percentual do número de ações da sociedade –, possuem o poder de veto em determinadas matérias que são de fundamental importância para a sociedade em comandita por ações. Desta maneira, nos casos mencionados no art. 1.092 do Código Civil, além da aprovação pela assembléia geral, exige-se o consentimento dos diretores.

E, relativamente aos diretores, estes somente poderão ser destituídos por deliberação de acionistas que representem pelo menos dois terços de todo o capital social, conforme determina o art. 1.091, § 2º , do Código Civil vigente.

UNIDADE 19

SOCIEDADES COOPERATIVAS

CONCEITO

Para que se possa iniciar um estudo em tomo da matéria, faz-se mister que se estabeleça um conceito para a cooperativa. Tratando-se de um gênero "cooperativa", iniciamos, por uma questão de natureza metodológica, pelo estudo em torno da sua conceituação.

O art. 3º da lei n° 5.764, de 16 de dezembro de 1971, estabelece que "celebram contrato de sociedade cooperativa as pessoas que reciprocamente se obrigam a contribuir com bens ou serviços para o exercício de uma atividade econômica, de proveito comum, sem objetivo de lucro".

O art. 4º da mesma norma dispõe que "as cooperativas são sociedades de pessoas, com forma e natureza jurídica próprias, de natureza civil, não sujeitas à falência, constituídas para prestar serviços aos associados, distinguindo-se das demais sociedades" pelas características apresentadas nos onze incisos que arrola. Um equívoco na conceituação, apresentada no art. 4º da Lei n° 5.764/71, relativamente à natureza jurídica das cooperativas, quando se inseriu a expressão "de natureza civil", talvez tenha sido o elemento ensejador de tantos enganos que se cometeu, e ainda se comete, ao se tratar da matéria relacionada ao cooperativismo no Brasil. Isto porque, ao se inserir, na "calada da noite", a mencionada expressão, deu-se uma estranha fisionomia às cooperativas, apresentando-as como um "monstro jurídico", já que as mesmas passaram a ser a única sociedade com duas naturezas diferentes, conforme oportunamente observado por Waldirio Bulgarelli. Isto porque, ou se tem "forma e natureza jurídica próprias" ou se possui "natureza civil". Atualmente, e conforme aludido por Ricardo Fiúza, independentemente de seu objeto, as cooperativas passam a ser consideradas sociedades simples, a teor do disposto no art. 982 do CC. Não obstante, continuam a ter seus atos arquivados na Junta Comercial, em face da ressalva na parte final do art. 1.093, combinada com a regra do art. 1.096, ambos do Código Civil.

NORMATIVIDADE

A)NORMAS INTERNACIONAIS

São diversas as normas internacionais, aplicáveis no ordenamento jurídico brasileiro, no que concerne à proteção e valorização do movimento cooperativo. À guisa de exemplificação, podemos mencionar a Recomendação n° 127 da Organização Internacional do Trabalho (OIT), de 1966, a Resolução n° 2.359, de 1968, da Organização das Nações Unidas (ONU), a Resolução n° 1.413, de 1969, de autoria do Conselho Econômico e Social da ONU, a Carta de Buenos Aires, elaborada em 1969 pela Organização dos Estados Americanos (OEA), e que entrou em vigor em 27/02/71.

B) NORMAS CONSTITUCIONAIS

A Constituição Federal de 1988 deu início a uma nova mentalidade legislativa no que diz respeito ao regime jurídico das sociedades cooperativas. Isto porque são vários os seus dispositivos que, buscando retirar as imposições estatais decorrentes do regime autoritário, apresentam um novo espaço de reconhecimento e apoio ao movimento cooperativo no Brasil.

Em primeiro lugar, merece destaque o art. 5°, XVIII, da Constituição Federal, ao dispor que " *a criação de associações e, na forma da lei, a de cooperativas, independem de autorização, sendo vedada a interferência estatal em seu funcionamento*", uma vez que restabelece urna condição de liberdade para uma atuação cooperativa que se encontrava engessada nas últimas décadas. Complementando esse quadro de nova mentalidade legislativa a ser aplicada às cooperativas, o art.174, § 2°, da CF, estabelece que " *a lei apoiará e estimulará o cooperativismo e outras formas de associativismo*". Observa-se, assim, que a criação de cooperativas deve ser objeto de apoio e estímulo, o que, *ab initio*, vai de encontro com aqueles que propugnam pela imediata extinção, por exemplo, das cooperativas de trabalho.

C) PREVISÃO INFRACONSTITUCIONAL

Sofrendo profunda influência das legislações francesa e belga de 1867, a implantação do cooperativismo no Brasil se deu por força do Decreto n. 1.637, de 05/01/1907, que também tratava dos sindicatos rurais.

Em um momento posterior, deu-se início a um processo de consolidação parcial das normas cooperativistas, que se iniciou com o Decreto n° 22.239/ 32, passando pelos Decretos-lei n°s. 24.627/34, 581/38, 5.893/43, 8.401/45 e pelo Decreto n° 6.980/41, além da Lei n° 3.189/57, sendo que todos esses dispositivos foram revogados, em 21/11/66, pelo Decreto-lei n° 59. A respeito desse "período de inúmeras normas", Waldirio Bulgarelli menciona: "o desajustamento do sistema jurídico oriundo do Decreto n° 22.239 de 1932, em relação às novas realidades, que já foram expostas, levaram a uma verdadeira inquietação, visando à reformulação do regime jurídico vigorante, a fim de adaptá-Io às novas necessidades. Não se pedia muito na época, apenas uma modernização e atualização do referido decreto. Entretanto, nem sempre este processo de modernização da lei existente foi bem compreendido, e muitos entenderam de a querer mudar integralmente."

Em virtude da situação mencionada no parágrafo anterior, prevaleceu o entendimento daqueles que defendiam a necessidade de se estabelecer uma lei geral a ser aplicada, e que, em um período de centralização estatal decorrente do regime político vigente na segunda metade da década de 60 do século passado no Brasil, ensejou a elaboração do Decreto-lei n° 59/66, regulamentado pelo Decreto n° 60.597, de 19/04/67, passando, as supramencionadas normas, a se constituírem em um novo regime jurídico das cooperativas.

Com o fechamento do Congresso, em virtude do disposto no Ato Institucional nº 5, os projetos referentes às sociedades cooperativas não tiveram tramitação. Assim, partindo de um anteprojeto elaborado pela Organização das Cooperativas Brasileiras, os técnicos do governo, após procederem a um amplo processo de modificação naquele anteprojeto, encaminharam para promulgação, após a sua apreciação em 16/12/71, o texto convertido na Lei n° 5.764/71, que atualmente disciplina as atividades cooperativas no Brasil. É importante mencionar, contudo, que, com o advento da Constituição Federal de 1988, muitos doutrinadores defenderam o entendimento no sentido de que a Lei n° 5.764/71 não estaria mais vigente, posição que não predominou diante do entendimento kelseniano relativo à teoria da recepção, razão pela qual se admitiu que a aludida norma continuava vigente, no entanto com a necessária exclusão das normas intervencionistas.

Ainda a respeito da Lei n° 5.764/71, alguns doutrinadores, *v.g.* Anemar Pereira Amaral, vêm defendendo que a referida norma condiciona a constituição das sociedades cooperativas, dentre outras, à prestação de serviços aos associados (art. 4º), *não compreendendo aliciamento de trabalhadores braçais, sob enganosa denominação e falsos propósitos cooperativistas, colocando-os à margem de quaisquer das garantias constitucionais, erigidas como suporte mínimo assegurado a todo trabalhador*. Tendo em vista, inclusive, o que mencionamos em tópico anterior, discordamos deste entendimento uma vez que tanto a Constituição Federal, como a própria Lei n° 5.764/71, em seus arts. 10 e 86, admitem a criação e a existência das assim denominadas cooperativas de serviços.

Não obstante as inúmeras críticas apresentadas à Lei n° 5.764/71, o Código Civil poderia representar uma ótima oportunidade de fazer uma série de ajustes, melhor normatizando a matéria. No entanto, o imenso *lobby* por parte de representantes das cooperativas existentes ensejou uma acanhada disposição que mereceu apenas quatro artigos no novo Código, sendo que o art. 1.093, pela sua redação, remete à *legislação especial*, em outras palavras, à malfadada Lei n° 5.764/71.

PRINCÍPIOS COOPERATIVISTAS

Os doutrinadores que tratam da matéria cooperativista, ao aludirem aos princípios cooperativistas, defendem que, assim como o Direito Comercial – que passou a se constituir em um ramo específico do Direito, diante da existência de princípios que lhe são peculiares – estaria surgindo um outro ramo do Direito, relativo ao Direito Societário Cooperativo, diante do entendimento no sentido de que as cooperativas possuem princípios que também lhe são peculiares, inclusive pela característica da “forma e natureza jurídica próprias”, consoante expressamente mencionado no art.4º, da Lei n° 5.764/71.

Torna-se necessário, neste instante, um estudo, ainda que sucinto, em torno dos princípios cooperativistas, inclusive porque o não atendimento aos seus postulados poderá caracterizar, nas hipóteses referentes, por exemplo, às cooperativas de trabalho, a fraude à legislação.

Inicialmente, trataremos dos princípios apresentados pela doutrina cooperativista, para, em um segundo instante, analisarmos os novos princípios, estes aprovados pela Aliança Cooperativa Internacional, em

1995, no Congresso de Manchester. Na realidade, os "novos princípios" não ensejaram qualquer alteração profunda, caracterizando-se muito mais como um realce ao alto sentido social das cooperativas e à necessidade de integração entre os segmentos que compõem o sistema cooperativista. São os princípios que passamos a aduzir:

a) o primeiro deles é conhecido como "adesão livre", não se admitindo, portanto, que alguém seja coagido a ingressar numa sociedade cooperativa. Nas cooperativas abertas, aplica-se, ainda, o princípio da "porta-aberta", segundo o qual não se pode negar a alguém o ingresso na sociedade cooperativa quando o interessado preencher as condições estatutárias;

b) aquele no sentido de que "a cada associado um voto", considerada como uma forma de gestão democrática, e consectária do fato de que a cooperativa representa uma sociedade de pessoas e não de capital. Assim, cada associado deverá ter direito a um voto, independentemente do montante de suas cotas, além de poder exercer o direito democrático de votar e ser votado, participando, desta forma, da gestão da sociedade;

c) "distribuição *pro rata* das transações realizadas", também conhecida como "teoria do retorno", um dos elementos essenciais do cooperativismo, e que retira qualquer sentido lucrativo. Trata-se, *in casu*, da utilização do mecanismo de retorno, cuja aplicação permite restituir aos associados os valores que estes porventura tenham pago a mais nas suas operações com a cooperativa, o que faria com que a sociedade vendesse ao preço corrente e se acautelasse dos riscos provenientes do preço de custo. A idéia de lucro, inclusive, não pode corresponder ao objetivo da atividade cooperativa, consoante se depreende do exposto no art. 3º da Lei nº 5.764/71;

d) "juros limitados sobre o capital", o que permite que as cooperativas, conquanto não estejam obrigadas ao pagamento de juros sobre o capital dos seus associados, possam fazê-Io, porém de maneira limitada ao próprio capital;

e) "neutralidade política e religiosa", que visa impedir a prática discriminatória, por parte das cooperativas, vedandolhes a participação em movimentos políticos, com exceção daqueles que envolvem questões transcendentais, tais como a liberdade, a paz social, etc...;

f) "desenvolvimento da educação", decorrente de uma preocupação doutrinária com a efetividade no aperfeiçoamento do ser humano, no sentido de aparelhá-Ia para que possa melhor se adaptar à nova realidade social e econômica, reunindo o conhecimento e a formação necessários para uma perfeita prática da atividade cooperativa; e

g) "vendas à vista", questão muito mais voltada às hipóteses de cooperativas de consumo, onde visa uma melhor adaptação dos associados à prática de poupança, além de reduzir as possibilidades de fracasso da cooperativa, que poderia advir de um risco das vendas a crédito sem moderação.

Os novos princípios, que não diferem significativamente daqueles apresentados pela doutrina, são os seguintes:

a) adesão livre e voluntária;

b) controle democrático pelos sócios;

c) participação econômica dos sócios;

d) autonomia e independência das cooperativas;

e) educação, treinamento e informação;

f) cooperação entre cooperativas;

g) preocupação com a comunidade.

Adaptando alguns dos mencionados princípios, e flexibilizando também algumas das exigências anteriormente existentes, tais como a de no mínimo 20 (vinte) sócios para a constituição de uma *cooperativa*, o novo Código Civil preferiu, em seu art. 1.094, estabelecer, como sendo as *características* das sociedades cooperativas, as seguintes:

a) variabilidade, ou dispensa do capital social;

b) concurso de sócios em número mínimo necessário a compor a administração da sociedade, sem limitação de número máximo;

c) limitação do valor da soma de quotas do capital social que cada sócio poderá tomar;

d) intransferibilidade das quotas do capital a terceiros estranhos à sociedade, ainda que por herança;

e) quorum, para a assembléia geral funcionar e deliberar, fundado no número de sócios presentes à reunião, e não no capital social representado;

f) direito de cada sócio a um só voto nas deliberações, tenha ou não capital a sociedade, e qualquer que seja o valor de sua participação;

g) distribuição dos resultados, proporcionalmente ao valor das operações efetuadas pelo sócio com a sociedade, podendo ser atribuído juro fixo ao capital realizado;

h) indivisibilidade do fundo de reserva entre os sócios, ainda que em caso de dissolução da sociedade.

CAPÍTULO 20

SOCIEDADES COLIGADAS

OBSERVAÇÕES INICIAIS

O quadro empresarial, que se observa com freqüência nos dias atuais, pode ser resumido como algo caracterizado por uma incessante busca pela maior racionalização das atividades, acompanhada de uma significativa redução dos custos, como uma maneira de se permitir à empresa participar em boas condições de um regime competitivo absoluto. No entanto, isto só não basta. As empresas que quiserem sobreviver em determinados ramos de atividade deverão também buscar incessantemente concentrar esforços na ampliação de sua produção e produtividade. Todas essas necessidades fazem com que as empresas modifiquem a maneira como até então vinham atuando no mercado, e isto se dá de uma forma tão significativa, que, até mesmo empresas que se viam como concorrentes têm se unido diante de uma constatação de que deverão lutar contra outras trincheiras (normalmente em nível internacional).

Para atingir os seus objetivos, e diante da constatação daquilo a que se aludiu no parágrafo anterior, observa-se a presença de dois casos distintos de aproximação e estabelecimento de relações jurídicas entre sociedades:

a) sem vínculo no capital social – consistem em hipóteses de conjugação de esforços para o atingimento de um objetivo comum. Como exemplos, podemos mencionar os consórcios de empresas e as parcerias para utilização conjunta de sistemas de distribuição; e

b) com vinculação no capital social – situação de que estamos tratando no presente Capítulo, onde, no dizer de Oscar Ivan Prux, "as empresas possuem uma ligação que vai mais além, entrelaçando seus capitais e estabelecendo situações onde acontece a participação de alguma delas no capital da outra".

Dentro de uma abordagem econômica, as empresas coligadas consistem naquelas que, embora formalmente distintas e independentes, têm o seu capital social com participação de sócios coincidentes entre elas, sendo que esse referido conjunto de sócios detém o comando dessas empresas. Procedendo dessa maneira, estas sociedades objetivam o aumento, relativamente a elas, daquilo que na economia possui duas denominações distintas:

a) o seu *market share* – que representa a parcela de mercado detida pela empresa; e

b) o seu *market power* – que se caracteriza pelo seu poder de mercado.

Em seu sentido jurídico, e embora a concentração de empresas seja um fenômeno relativamente antigo – uma vez que decorrente do fornecimento de massa trazido pela revolução industrial, embora muito mais valorizado e freqüente a partir do aumento do processo de globalização –, foi há pouco mais de meio século que veio o primeiro disciplinamento legal, e mesmo assim de maneira indireta, o que se observou, por exemplo, nas Leis n°. 1.521/51 (que tratou dos crimes contra a economia popular) e a Lei n° 6.404/76 (Lei das Sociedades Anônimas).

Relativamente ao Código Civil, o anterior (1916) não o previa. E, no que diz respeito ao atualmente vigente (2002), este optou por não desenvolver integralmente a matéria, apresentando, como sua mais significativa modificação, o abandono da até então tradicional característica de que a sociedade coligada precisaria ter pelo menos 10% (dez por cento) do capital social da empresa controlada.

CLASSIFICAÇÃO

Diante do que foi exposto no tópico anterior, verifica-se o motivo pelo qual o art. 1.097 do atual Código Civil preferiu estabelecer uma relação de gênero e espécies, embora não exista uma classificação universalmente aceita a respeito do tema "sociedades coligadas". No entanto, a importância do dispositivo encontra-se no fato de que a coligação passa, assim, a ser compreendida em um sentido amplo (caracterizando a situação típica de controle), mas também em um sentido estrito (quando inexiste uma vinculação entre sociedades integrantes de um mesmo grupo econômico).

Dividiu-se a coligação, assim, em três *espécies*:

a) sociedades controladas (empresas cujo comando é detido por outra);

b) sociedades filiadas; e

sociedades de simples participação.

Esta classificação vem recebendo severas críticas por parte da doutrina, como a de Oscar Ivan Prux, que afirmou não ter conseguido contemplar, de maneira adequada, todas as possibilidades de combinações de capitais, pois a criatividade dos agentes econômicos parece ilimitada. Esta crítica, contudo, parece-nos exagerada pois, em um momento em que se observa um grande desenvolvimento, em escala mundial, nas relações jurídicas, até mesmo em virtude de situações impensáveis há poucos meses, não se pode exigir do legislador que apresente *numerus clausus* referentes a hipóteses de coligação entre sociedades.

Se, por um lado, entendemos não serem cabíveis as primeiras críticas apresentadas pelo autor supramencionado, este, contudo, não deixa de ter razão quando afirma que, naqueles pontos em que se fazia mister um melhor detalhamento, o que se verificou, na realidade, foi uma rápida preocupação com as ligações econômicas entre essas empresas, não tendo sido convenientemente abordadas algumas matérias, *v.g.* no que diz respeito a certas características, formas de atuação, e, principalmente, uma análise no que concerne às conseqüências jurídicas decorrentes da própria coligação.

Antes de analisarmos as espécies de sociedades em casos que tais, torna-se necessária a menção à distinção, feita por Tullio Ascarelli, entre a sociedade coligada e a sociedade controlada, segundo quem se poderia falar em coligação de sociedade toda vez em que se verificasse entre elas uma conexão de natureza econômica, qualquer que fosse o instrumento jurídico usado para tal. No entanto, e relativamente à sociedade controlada, o ilustre doutrinador italiano afirmou que a mesma estaria consubstanciada quando a conexão entre as sociedades se verificasse de modo a acarretar a possibilidade de uma sociedade influir decisivamente sobre a outra.

A) SOCIEDADE CONTROLADA

Segundo Arnaldo Rizzardo, são duas as hipóteses que identificam a sociedade controlada, e cujo gênero é a coligação, a saber;

*a)*a sociedade cujo capital representa a maioria de votos de outra sociedade, o que acarreta o poder de eleger a maioria dos administradores; e

b) a sociedade cujas ações encontrem-se em uma sociedade controlada por outra sociedade, sendo que esta outra, então, exerce o controle.

Tratando da matéria, o art. 1.098 do Código Civil define que será *controlada*:

a) a sociedade de cujo capital outra sociedade possua a maioria dos votos nas deliberações dos quotistas ou da assembléia geral e o poder de eleger a maioria dos administradores; e

b) a sociedade cujo controle, referido no inciso antecedente, esteja em poder de outra, mediante ações ou quotas possuídas por sociedades ou, ainda, sociedades por esta já controladas.

A primeira hipótese supra (que corresponde ao inciso I do art. 1.098 do CC) refere-se à relação de controle direto, enquanto que a situação aventada pela letra "b" (equivalente ao inciso II do mesmo art. 1.098 do CC) demonstra a existência de uma relação indireta, diante da existência, em casos que tais, de uma empresa *holding*, também conhecida como "empresa-mãe". Essas relações de controles direto e indireto encontram-se muito melhor definidas no art. 243, § 2°, da Lei n° 6.404/76, o que, inclusive, deu ensejo ao PL n° 7.160/2002 que pretende introduzir, no Código Civil, o art. 1.098-A, que conterá a definição de controle de maneira similar àquela adotada pela Lei das S.A.

B) SOCIEDADE COLIGADA OU FILIADA SEM CONTROLE

Antes de mais nada, sobre o tema, devemos observar que a ausência de controle, relativamente às empresas coligadas, é indispensável, conforme justificado pela doutrina com o fato de que se existe o controle a sociedade só pode ser "controlada".

Quanto à coligação, o seu elemento configurador encontra-se na participação, por uma empresa, em no mínimo dez por cento do capital social de outra, sem que isto atinja o percentual que determinará o controle.

Em termos legais, temos a caracterização das *coligadas*, nos termos em que apontados nos dois parágrafos anteriores, no art. 1.099 do Código Civil, que praticamente repetiu o que já se encontrava disciplinado no art. 243, § 1°, da Lei n° 6.404/76.

Finalmente, e no que se refere ao controle em si, Arnaldo Rizzardo argumenta que, no que concerne às sociedades por ações, a conferência de tal situação, para fins de se apurar o percentual, deverá levar em conta também as ações sem direito a voto.

C) PARTICIPAÇÃO EM SOCIEDADE

Na espécie tratada na letra "B" supra, verificamos a necessidade de pelo menos de 10% do capital. Quando, no entanto, tivermos uma empresa integrando parte em relação ao capital da outra, inferior aos 10%, teremos aí o caso de uma "participação de uma sociedade em outra". Isto é o que se depreende do disposto no art. 1.100 do Código Civil, quando este estabelece que "é de simples participação a sociedade de cujo capital outra sociedade possua menos de 10% (dez por cento) do capital com direito de voto". Importante observar, acerca da caracterização, que o art. 1.100 do CC refere-se a dez por cento do *capital com direito de voto*, enquanto que o art. 1.099 do Código Civil, conforme já se verificou, trata de *10% ou mais do capital social.*

LIMITES NA PARTICIPAÇÃO DE UMA SOCIEDADE EM OUTRA

No que concerne ao tema desta Unidade, uma interessante questão surge do disposto no art. 1.101 do Código Civil, que trata de matéria que possuía a sua abordagem feita pelo art. 244 da Lei n° 6.404/76.

Tratando do assunto, Ricardo Fiuza informa que a vedação da participação recíproca visa a evitar problemas de natureza patrimonial (preservando-se, assim, a integridade do capital social) e política (procurando-se manter a autonomia administrativa). Isto porque, segundo ele, "com a participação recíproca, as garantias dos credores diminuem, pois as participações recíprocas se anulam, reduzindo-se o valor real do capital de ambas as sociedades, no caso de participação recíproca direta. Porém, tal diminuição também acontece no caso de participação recíproca indireta (uma sociedade que participa do capital de outra, esta do capital de uma terceira e a terceira do capital da primeira)."

Ocorre que a Lei das S.A., ao dispor de situações mais detalhadas, como, por exemplo, estabelecendo procedimentos a serem adotados no caso de participação recíproca decorrente de incorporação, fusão, cisão, ou, ainda, da aquisição de controle da companhia, apresenta-se como um verdadeiro obstáculo à aplicação e à eficácia do contido no art. 1.101 do Código Civil. Esta situação foi percebida, inclusive, por Ricardo Fiuza, um dos autores do texto referente ao CC, o que o levou a afirmar que a aplicação do art. 1.101 do CC, ao que parece, propiciará a ocorrência de dois cenários distintos:

a) no caso de sociedades, em que uma delas é sociedade anônima, não se poderá ter a participação recíproca, ressalvada a hipótese, prevista na própria Lei n° 6.404/76 (art. 193); e

b) relativamente às sociedades que sejam dos demais tipos societários, poderá haver a participação recíproca, respeitando-se, nesses casos, o limite disposto no Código Civil vigente.

Para se dar cobro a esse estado de coisas, fazendo sumir a discrepância supramencionada, existe, em tramitação no Congresso Nacional, o PL n° 7.160/2002, encaminhado pelo próprio Ricardo Fiuza.

MECANISMOS DE CONTROLE

Desde os excelentes trabalhos desenvolvidos por Adam Smith e Jeremy Bentham, e atualmente com maior força por conta da "declamação" que diz respeito aos assim denominados *neoliberais*, sempre se defendeu uma liberdade do mercado, onde ele mesmo encontraria, sem a necessidade de intervenção estatal, o seu ponto de equilíbrio.

No entanto, e apesar das críticas que são feitas à regulação do mercado, isto continua a existir, o que se dá pelos *mecanismos de controle*.

Não pretendemos aqui abordar esta matéria de maneira exaustiva, uma vez que isto exigiria a criação de um curso inteiro para tratar do problema. No entanto, e à guisa de exemplificação, podemos mencionar o seguinte:

a) a Lei n° 8.884/94, que, em seu art. 54, estabelece a imposição de que as empresas submetam seus atos de concentração à apreciação do Conselho Administrativo de Defesa Econômica (CADE);

b) a Lei n° 6.404/76, em seus arts. 243 a 253, que dão um detalhado tratamento para as sociedades anônimas que "coligam" capitais; e

b) diversas outras normas trazem um regramento direcionado a inúmeras situações decorrentes da atuação de sociedades coligadas em diversas áreas, como, por exemplo, o art. 28 da Lei n° 8.078/90 (CDC), o art. 4° da Lei n° 8.137/90 (definindo crimes contra a ordem tributária), o art. 30 da Lei n° 8.212/91 (relativamente à matéria previdenciária) e o art. 2°, § 2°, da Consolidação das Leis do Trabalho (CLT).

CAPÍTULO 21

LIQUIDAÇÃO DA SOCIEDADE

CONSIDERAÇÕES INICIAIS

Em Capítulo anterior, já tivemos a oportunidade de mencionar a respeito da liquidação das sociedades. Naquela ocasião, ficou demonstrada a necessidade de uma prévia dissolução da sociedade, para que se pudesse, então, tratar desse delicado assunto que se refere à liquidação da mesma.

Assim, com o ato declaratório que tem como um dos seus efeitos a cessação das atividades da sociedade voltadas à consecução do seu objeto social, a *dissolução* dá ensejo a um procedimento tendente à liquidação do patrimônio social da empresa, o que é gerido pela figura de um liquidante.

O tema relativo à matéria (*liquidação*) já foi objeto de diversas menções quando tratamos das diversas espécies de sociedades previstas no atual Código Civil.

À guisa de apresentar um breve resumo, a respeito do regramento acerca da dissolução que irá ensejar a posterior liquidação, mencionamos o seguinte:

a) no que se refere às sociedades limitadas, a sua dissolução encontra-se prevista no art. 1.087 do CC, que se reporta ao contido no art. 1.044 do mesmo Código Civil;

b) disposição no mesmo sentido também consta no que diz respeito às sociedades em comandita simples, onde o art. 1.051 do CC determina a aplicação do contido no já mencionado art. 1.044 do Código Civil;

c) o art. 1.044 do CC, mencionado nas duas letras anteriores, faz expressa alusão ao art. 1.033 do próprio Código Civil, sendo que este último dispositivo (que na realidade acaba por açambarcar todas essas espécies) estabelece as situações relativas às sociedades simples;

d) às liquidações das sociedades simples são aplicadas, por força de expressa menção neste sentido (art. 1.038, § 2º, do Código Civil), as regras constantes do Capítulo IX daquele subtítulo, que corresponde aos artigos 1.102 a 1.112, todos eles do Código Civil;

e) relativamente às sociedades anônimas, que possuem o seu regramento em lei especial, à qual remete o Código Civil, a matéria encontra-se prevista em seus artigos 208 a 218, que guardam estreita semelhança com os dispositivos constantes dos arts. 1.102 a 1.112 do Código Civil. À guisa de exemplificação, quanto aos deveres dos liquidantes, uma das "grandes" modificações trazidas pelo CC é a de alterar "arquivar a ata" por "averbar a ata".

A LIQUIDAÇÃO NO CÓDIGO CIVIL

Prestados os esclarecimentos iniciais, passemos então ao estudo do que estabelecem os arts. 1.102 a 1.112, todos eles do Código Civil vigente, considerando-se que, conforme já observamos, as suas regras são aplicáveis tanto às sociedades simples como às sociedades empresárias.

Ab initio, devemos mencionar que o procedimento de liquidação da sociedade representa a fase que precede à sua extinção (*v.g.* quanto às sociedades anônimas, isto resta estabelecido expressamente no art. 219, inciso I, da Lei nº 6.404/76).

Segundo possibilita, por exemplo, o art. 1.102 do Código Civil, o contrato social ou o estatuto da sociedade poderá estabelecer uma regulamentação destinada a dispor sobre os procedimentos de dissolução e de liquidação da própria sociedade. Apenas em não existindo tal regramento é que haverá de se aplicar os preceitos que ora estamos analisando.

Nos termos do contido no art. 1.102, parágrafo único, do Código Civil, o que se pode depreender é que, como regra geral, o liquidante deve ser nomeado dentre os administradores da sociedade na maneira em que se encontrar previsto em seus próprios atos constitutivos. Isto porque o mencionado dispositivo alude ao fato de que o liquidante, quando não for administrador da sociedade (trata-se, então, de hipótese excepcional à regra geral anteriormente apontada), investir-se-á nas funções, averbando-se, em casos que tais, a sua nomeação no registro próprio. Em sendo o liquidante admitido dentre os administradores da sociedade, e por exclusão, não se faz necessário o seu registro.

Torna-se importante observar, acerca deste tema, que, com a liquidação, começa a vigorar, na realidade, um novo regime jurídico, com direitos e deveres (na maioria das vezes mais deveres do que direitos) específicos, tendo à frente a figura do liquidante, que mantém a sociedade em atividade, inclusive praticando negócios e prestando serviços, até a apuração e esgotamento dos montantes apurados no patrimônio.

Durante todo o período de liquidação, a sociedade deverá ser identificada com o uso, após a sua firma ou, ainda, a denominação social, da expressão "*em liquidação*".

A) DEVERES, OBRIGAÇÕES E RESPONSABILIDADES DO LIQUIDANTE

Um dos temas com os quais o Código Civil demonstrou grande preocupação em disciplinar, no que concerne à matéria, representa aquele ligado aos *deveres do liquidante*, que será nomeado, conforme já se mencionou até mesmo em outro Capítulo, por deliberação da reunião ou assembléia, quando se tratar de liquidação administrativa, ou pelo juiz, em caso de liquidação judicial.

Para tal, o art. 1.103 do Código Civil apresenta as regras básicas a serem obedecidas pelos liquidantes nas hipóteses de liquidação administrativa ou extrajudicial, a quem cabe, inclusive, formalizar o processo de dissolução da sociedade e dar imediato início à liquidação. Embora sejam inúmeras as suas funções, a principal delas é a de que o liquidante deverá levantar o balanço especial referente à data da dissolução, com os devidos e conseqüentes atos visando à apuração e arrecadação dos bens do ativo, bem como a realização das obrigações, além das dívidas sociais encontradas. Diversos atos possuem previsão expressa, que autorize a sua prática, ou não, pelo liquidante, nos termos do art. 1.105 do Código Civil.

Não vamos aqui mencionar as hipóteses (não exaustivas) previstas no art. 1.103 do CC – cuja leitura recomendamos aos alunos –, mas faremos menção aos seguintes aspectos do que ali está contido:

a) no que se refere ao inciso V, a matéria já foi objeto de estudo, e encontra-se com previsão legal, por exemplo, nos artigos 1.004 e 1.057 do Código Civil;

b) quanto ao inciso VII, a Lei n° 11.101/2005 aboliu a concordata, e, em substituição, previu a recuperação judicial (art. 47) e a recuperação extrajudicial (art. 161), como mecanismo para se evitar a falência da sociedade;

c) relativamente ao inciso IX, este foi o único alterado, por emenda apresentada no Senado Federal, para fins de inserir a referência às reuniões dos sócios, e não apenas às assembléias, como estava originariamente previsto.

Se o art. 1.103 do CC estabelece os principais deveres dos liquidantes, o artigo seguinte (art. 1.104 do Código Civil) fixa as obrigações e responsabilidades dos mesmos, afirmando, sobre o assunto, que estas reger-se-ão pelos preceitos peculiares às obrigações e responsabilidades dos administradores da sociedade liquidanda. Isto, é bom que se deixe bem claro, diz respeito apenas aos atos praticados por um liquidante no procedimento de liquidação em si. Assim, se a responsabilidade dos administradores for, por exemplo, subsidiária e ilimitada, o liquidante, *não sendo sócio sob tais condições*, somente responderá desta forma *pelos atos que praticar*.

B) PAGAMENTOS DAS OBRIGAÇÕES E RATEIOS

Embora o art. 1.105, parágrafo único, do Código Civil, trate dos pagamentos, inclusive autorizando, ao liquidante, a possibilidade de contrair empréstimos, em caráter excepcional, para a quitação de dívidas inadiáveis, o que se verifica é que o principal dispositivo acerca do tema encontra-se inserido no art. 1.106 do CC. Segundo este, respeitados os direitos dos credores preferenciais, pagará o liquidante as dívidas sociais proporcionalmente, sem distinção entre vencidas e vincendas, mas, em relação a estas, com desconto, e, se for apurado um ativo superior ao passivo, o liquidante poderá (responsabilizando-se pessoalmente por isso) pagar integralmente as dívidas vencidas.

Quanto aos créditos preferenciais, deles já tratamos em Unidade anterior. Assim, cabe-nos afirmar apenas que o art. 1.106 do Código Civil, inovador neste aspecto – até mesmo porque o Código Civil anterior (1916) e o Código Comercial não possuíam dispositivo semelhante –, e baseado em lei falimentar e no direito estrangeiro, desconsidera o critério de vencimento do débito para privilegiar a proporcionalidade, e que, no que diz respeito ao pagamento antecipado, o liquidante está obrigado a exigir o desconto, pois, se assim não proceder, estará ensejando o enriquecimento sem causa do credor que receber integralmente o seu crédito vincendo.

No que pertine ao contido no art. 1.107 do Código Civil, resta claro o fato de que, nos procedimentos de liquidação, sempre prevalecerá o princípio de que os sócios somente terão direito ao recebimento de valores, a título de partilha, após pagos todos os demais credores da sociedade. Uma vez providenciada a satisfação dos créditos de todos os outros credores, aí sim há de se aplicar o que estabelece o artigo supramencionado, possibilitando-se a realização de rateios por antecipação da partilha na medida em que haja disponibilidade de caixa.

Em situação diversa, onde se observe que o ativo da sociedade não poderá atender ao pagamento de todas as dívidas sociais, o liquidante *deverá* requerer a falência da sociedade com fulcro no art. 1.103, inciso VII, do Código Civil.

C) PRESTAÇÃO DE CONTAS E ENCERRAMENTO DA LIQUIDAÇÃO

Cumpridas todas as incumbências aplicáveis à liquidação e cumprimento das dívidas, bem como no que se refere à distribuição do remanescente, caso exista, o passo seguinte, a ser adotado pelo liquidante, nos termos do art. 1.108 do Código Civil, diz respeito à convocação dos sócios para a assembléia (ou reunião, conforme o caso), onde ele deverá apresentar a prestação final de contas da liquidação, sobre a qual deverão se manifestar os sócios nela presentes. Os meios a serem utilizados para a convocação dessa assembléia deverão ser os mesmos previstos para a convocação de qualquer outra, relativamente à sociedade.

Em havendo a aprovação, nos termos do art. 1.010 do Código Civil, como regra geral, encerra-se a liquidação, conseqüentemente a sociedade estará extinta, devendo a ata ser averbada no registro próprio. Como a aprovação não exige unanimidade, o parágrafo único do mesmo artigo determina que o dissidente poderá utilizar-se de ação judicial que couber, entendendo a doutrina, no que acompanha a jurisprudência predominante, que a medida cabível é o ajuizamento da *ação anulatória de deliberação da assembléia*, onde também poderá postular o contido no art. 1.110 do CC.

D) LIQUIDAÇÃO JUDICIAL

Conforme se verifica na disposição do Código Civil a respeito, a liquidação *extrajudicial* encontra-se abstratamente prevista em seus artigos 1.102 a 1.110, além do que já estiver estabelecido nos estatutos ou contratos sociais das empresas.

Para a liquidação *judicial*, contudo, o Código Civil reservou dois artigos:

a) o art. 1.111, que estabelece a necessidade de se observar, em casos que tais, o disposto na legislação processual (*in casu*, o art. 1.218, inciso VII, do CPC, que remete a regras constantes do CPC de 1939), e que será objeto de nosso estudo na segunda parte deste Curso; e

b) o art. 1.112, que faculta, ao Juízo, no curso da liquidação, convocar reunião ou assembléia com vistas a deliberar sobre os interesses da sociedade, onde o juiz deverá resolver sumariamente as questões suscitadas.

DICAS

A respeito do tema aqui estudado, e para que se possa ter uma idéia das possíveis alterações nos dispositivos ora analisados, recomendamos a leitura do Projeto de Lei n° 7.160/2002, da autoria de Ricardo Fiuza, que propõe modificações quanto ao contido nos artigos 1.102, 1.103, 1.108, 1.109 e 1.110, todos eles do Código Civil.

CAPÍTULO 22

TRANSFORMAÇÃO E INCORPORAÇÃO DAS SOCIEDADES

DA TRANSFORMAÇÃO E SEU CONCEITO

A transformação da sociedade consiste em sua alteração qualitativa, diante da sua conversão em outra, sem que isto importe na necessidade de ocorrer a sua liquidação ou dissolução, conforme expressamente estabelece o Código Civil, em seu artigo 1.113, que complementa o tema afirmando que isto obedecerá aos preceitos reguladores da constituição e inscrição próprios do tipo no qual aquela sociedade vai se converter.

O contido no mencionado art. 1.113 do Código Civil, contudo, não apresenta qualquer novidade, uma vez que o art. 220 da Lei n° 6.404/76 já estabelecia que "a transformação é a operação pela qual a sociedade passa, independentemente de dissolução e liquidação, de um tipo para outro", enquanto que o parágrafo único do mesmo art. 220 dispõe que "a transformação obedecerá aos preceitos que regulam a constituição e registro do tipo a ser adotado pela sociedade".

Assim, em casos que tais, segundo os esclarecimentos apontados por Modesto Carvalhosa, o que ocorrerá é a extinção dos atos constitutivos daquela sociedade, aduzindo que a sua substituição por outros atos constitutivos irá outorgar novos direitos, obrigações e responsabilidades distintos no que se refere àquela sociedade.

Quanto aos motivos para que essa transformação possa interessar aos sócios, costuma-se apontar o engrandecimento da própria sociedade, a sua expansão com o conseqüente aumento de capital, e, por fim, a existência de uma campo propício à sua ampliação.

Nesse mesmo diapasão, Rodrigo Ferraz Cunha afirma que por sua maior importância econômica, a transformação mais comum é aquela que se verifica de uma sociedade limitada para a sociedade anônima, sobretudo pela maior facilidade, encontrada por esta última, no que se refere à captação de recursos. Enquanto que, por outro lado, poderá verificar-se o caminho inverso, quando, por exemplo, for de interesse de uma sociedade ter uma maior economia de custos, ou, ainda, como uma maneira de garantir o sigilo no que se refere a certos números da empresa.

Nos casos mencionados no parágrafo anterior, Arnoldo Wald, ao comentar o art. 1.113 do Código Civil, afirma que se uma sociedade limitada pretender, então, transformar-se em sociedade anônima, "esta deverá cumprir a disciplina da constituição de uma sociedade por ações ditada pela Lei n° 6.404/76; se, ao inverso, uma sociedade anônima pretender se transformar em uma sociedade limitada deverá observar os requisitos previstos no Código Civil para a constituição deste tipo societário".

SOCIEDADES TRANSFORMÁVEIS

Tratando-se do tema concernente às transformações de sociedades, uma coisa a se observar diz respeito exatamente à verificação da possibilidade de transformação, relativamente a todas as espécies de sociedade. E a resposta, a ser dada a tal tipo de problemática, pelo menos no que se refere às sociedades empresárias, deve ser a positiva, embora se possa facilmente perceber que, em alguns dos casos, se fará mister uma prévia adaptação de algumas particularidades. À guisa de exemplificação, se uma sociedade anônima possuía no mercado debêntures já emitidos, a sua transformação deverá ser precedida, conforme o caso, de uma resolução quanto às obrigações dali decorrentes, seja pelo resgate dos títulos, seja pela sua conversão em ações, desde que isto seja cabível conforme o caso em que se deseja ter a transformação.

Assim, conforme menciona Arnaldo Rizzardo, desde que mantida a natureza, ou o objeto da proteção, mostra-se viável a transformação. Por conseguinte, se em comum a sociedade, com a sua estruturação nos moldes da lei, e implantada para a execução de atividades econômicas, não serão colocados, em princípio, quaisquer impedimentos para a sua organização em uma sociedade personalizada. O mesmo poderá ocorrer, *v.g.* com uma sociedade em conta de participação, se esta explorar uma atividade econômica, quando, portanto, poderá perfeitamente se organizar em algum tipo de sociedade empresária.

DO *QUORUM* PARA SE DELIBERAR SOBRE A TRANSFORMAÇÃO E DO DIREITO DE RECESSO

Se a transformação, como vimos no tópico anterior, é perfeitamente factível de ocorrer, isto não significa, por outro lado, que isto deva ser feito com muita facilidade. Isto porque a mudança do tipo societário, na maioria dos casos, importará em alterações profundas nas regras da sociedade.

Atento a este fato, o art. 1.114 do Código Civil trata da questão de estabelecer o *quorum* necessário para que ocorra essa transformação, e fixa, *ab initio*, a necessidade do consentimento de todos os sócios para tal, ressalvando apenas a possibilidade de existir outro *quorum* previsto no ato constitutivo da sociedade que deseja se transformar. Inicialmente, o texto do mencionado art. 1.114 do CC não estabelecia esta exceção dos atos constitutivos, motivo pelo qual se apresentou emenda no Senado Federal, para, com isto, guardar consistência com o que já se encontrava disposto no art. 221 da Lei n° 6.404/76.

Verifica-se, ainda, na parte final do contido no art. 1.114 do Código Civil, a possibilidade de o dissidente retirar-se da sociedade (direito de recesso), quando então se lhe aplicaria o disposto no art. 1.031 do Código Civil, isto na hipótese de a matéria não ter sido disciplinada no próprio estatuto ou no contrato social.

Embora já tenhamos tratado, em Capítulo anterior, acerca do disposto no art. 1.031 do Código Civil, cabem aqui algumas observações:

a) no que se refere ao valor da quota do sócio que se retira, este será calculado com base no montante efetivamente realizado, e, conforme oportunamente afirmado por Arnaldo Wald, liquidado com base na situação patrimonial da sociedade, valor este apurado em balanço especialmente levantado para tal fim na data do exercício da retirada, salvo se houver previsão diversa nos atos constitutivos; e

b) no que concerne às situações que envolvem as sociedades regradas pela Lei n° 6.404/76, esta norma admite, em seu art. 221, parágrafo único, a renúncia do sócio ao direito de retirada, quando expresso no contrato social, relativamente aos casos de transformação em sociedade anônima, mas não contempla, contudo, este mesmo direito para a situação envolvendo, por exemplo, a transformação de uma sociedade anônima para sociedade limitada.

EFEITOS DA TRANSFORMAÇÃO DA SOCIEDADE

No que se refere aos efeitos decorrentes da transformação de uma sociedade, o art. 1.115 do Código Civil abordou a matéria mencionando, em seu *caput*, que "a transformação não modificará nem prejudicará, em qualquer caso, os direitos dos credores". Uma regra equivalente a esta, inclusive, já constava do art. 222 da Lei n° 6.404/76, quando estabelece que "a transformação não prejudicará, em caso algum, os direitos dos credores, que continuarão, até o pagamento integral dos seus créditos, com as mesmas garantias que o tipo anterior de sociedade lhes oferecia".

Do exposto pode-se concluir, a exemplo do que fez Arnaldo Rizzardo, que apenas no âmbito interno os direitos e as obrigações entre os sócios tornam-se suscetíveis de mudança, e isto em virtude da própria transformação em si da sociedade, como ocorrerá, por exemplo, quando uma sociedade em nome coletivo transformar-se em uma sociedade do tipo limitada.

Em suma, os direitos dos credores relativamente às obrigações existentes na data em que se operou a transformação não serão alterados por esta, quando prevalecerão, para todos os efeitos, as condições anteriores. Isto, inclusive, nos casos em que se verificar a falência, conforme estabelece o art. 1.115, parágrafo único, do Código Civil, que, também neste aspecto, praticamente repetiu o que já estatuía o parágrafo único do art. 222, relativamente à Lei das Sociedades Anônimas (Lei n° 6.404/76).

Abordando a questão falimentar em casos que tais, Arnaldo Rizzardo afirma que os seus efeitos atingirão os sócios anteriores à transformação, se as obrigações ficaram constituídas à época em que os mesmos dela faziam parte. Ainda segundo o mencionado autor, os novos sócios, ou acionistas que ingressaram, não suportarão as conseqüências de obrigações do passado, ou do período em que não compunham os quadros da sociedade.

No que se refere aos credores, ainda na situação relativa à mencionada falência, os seus efeitos somente abrangerão os que já eram titulares de créditos anteriores à transformação, desde que hajam postulado a responsabilização dos sócios, na forma da lei, e considerando-se, ainda, para tal, o tipo societário vigente quando da constituição de seus créditos.

Aduza-se, por oportuno, que a Lei nº 11.941/2009, ratificando o contido na Medida Provisória nº 449/2008, estabeleceu, como redação do art. 226, § 3º, da Lei nº 6.404/76, que "a Comissão de Valores Mobiliários estabelecerá normas especiais de avaliação e a contabilização aplicáveis às operações de fusão, incorporação e cisão que envolvam companhia aberta.

DA INCORPORAÇÃO

Prevista nos artigos 1.116 a 1.118, todos do Código Civil, a incorporação ocorre quando uma ou mais sociedades são absorvidas por outra sociedade, que poderá ser do mesmo tipo ou de tipo distinto daquele referente às incorporadas, e que lhes sucede em todos os direitos e obrigações, ficando, com o aperfeiçoamento da incorporação, extintas as sociedades que foram incorporadas.

Quanto ao aspecto conceitual contido no art. 1.116 do Código Civil, este também optou por apresentar normatização semelhante àquela que já estava contida no art. 227 da Lei n° 6.404/76. No entanto, e no que diz respeito a aplicações subsidiárias relativamente as normas apontadas, torna-se importante transcrever um enunciado aprovado na Jornada de Direito Civil, promovida pelo Centro de Estudos Judiciários do Conselho da Justiça Federal – à qual já nos referimos em outras oportunidades –, que estabelece o seguinte:

"As disposições sobre incorporação, fusão e cisão previstas no Código Civil não se aplicam às sociedades anônimas. As disposições da Lei n° 6.404/76 sobre essa matéria aplicam-se por analogia às demais sociedades naquilo em que o Código Civil for omisso".

DA DELIBERAÇÃO EXIGIDA PARA A INCORPORAÇÃO

Abordando a matéria prevista no art. 1.117 do Código Civil, e utilizando-se do entendimento apontado no final do tópico anterior, teremos, por exemplo, a aplicação subsidiária, a uma série de tipos de sociedades, do que estabelece o art. 136, inciso IV, da Lei n° 6.404/76, sobre a necessidade de um *quorum*, para fins de deliberação sobre o tema, de maioria absoluta para a incorporada e maioria simples para a incorporadora. No entanto, também à guisa de exemplificação, tal regra não será aplicável aos casos envolvendo as sociedades limitadas, cujo *quorum* de aprovação, exigido para a operação ora examinada, é o de ¾ do capital social, tanto da incorporadora quanto da incorporada, conforme se verifica na previsão contida nos arts. 1.071, inciso VI c/c art. 1.076, inciso I, ambos do Código Civil.

Tratando especificamente do que estabelece o art. 1.117 do CC, Arnoldo Wald esclarece que o processo de incorporação inicia-se com os documentos para tal elaborados pelos órgãos de administração das sociedades envolvidas, aos quais se denomina comumente de "protocolo" e "justificação", que conterá, dentre outros elementos, as condições da operação a ser realizada, bem como o projeto do futuro contrato social ou estatuto da sociedade que vigorará. Este protocolo, ou documento similar, é que deverá ser aprovado pelos sócios que participam da incorporação, com as conseqüências de sua aprovação estando previstas, relativamente às sociedades incorporadas, por exemplo, no art. 1.117, § 1º, do Código Civil.

No que concerne às sociedades incorporadoras, os sócios deverão deliberar sobre:

a) a nomeação dos peritos para a avaliação do patrimônio líquido da sociedade a ser incorporada, nos termos em que estabelece o art. 1.117, § 2º, do CC; e

b) ainda que não se trate de hipótese ali mencionada, também deverão deliberar de modo a se proceder a um aumento do capital consectário da operação a ser realizada.

À guisa de informação, também trata, a respeito do que se encontra atualmente estabelecido no art. 1.117 do Código Civil, e que ora estamos analisando, o já mencionado Projeto de Lei nº 7.160/2002, que lhe propõe uma série de alterações.

Por fim, e ainda a respeito das incorporações, após concluídos os seus trabalhos, ou seja, após encerrado o procedimento necessário para que estas ocorram, os administradores da sociedade incorporadora providenciarão a averbação dos atos em registro próprio, com isto formalizando a extinção da sociedade incorporada, conforme exige o art. 1.118 do Código Civil.

CAPÍTULO 23

FUSÃO E CISÃO DAS SOCIEDADES

CONSIDERAÇÕES INICIAIS

Quando tratamos do estudo relativo às sociedades anônimas, tivemos a oportunidade de abordar, ainda que de uma maneira muito sucinta, a questão relativa à fusão e à cisão, da forma como estas figuras estão tratadas pela Lei n° 6.404/76. Neste Capítulo, a nossa análise será um pouco diversa, uma vez que tem, como o seu ponto de preocupação maior, a questão de verificar como o tema é abordado em nosso Código Civil.

Ainda à guisa de introdução na matéria, torna-se importante abordar as distinções entre a incorporação (estudada no Capítulo anterior) e a fusão e cisão (que serão objeto de nossa análise neste Capítulo), uma vez que tais institutos possuem, como um pressuposto comum, a existência de duas ou mais sociedades.

A respeito do tema, já se verificou que, no caso de incorporação, uma sociedade é assumida pela outra, que persiste em sua forma anterior, mas com a alteração pertinente ao seu capital social.

No que se refere à fusão, também se tem atingido o capital, que, no entanto, se unifica com o capital de outra(s) sociedade(s), nos termos estabelecidos pelo art. 1.119 do Código Civil. Ainda acerca da fusão, esta, diferentemente do que ocorre com a incorporação – onde *somente uma* sociedade desaparece, enquanto que o seu capital é acrescido ao da outra –, caracteriza-se por duas sociedades que se fundem em uma *nova*, normalmente se verificando a subscrição pelos sócios de ambas as sociedades.

E, no que concerne à cisão, esta é a que mais se diferencia, uma vez que, em casos que tais, ocorre uma transferência, na totalidade ou em parte, para outra(s) sociedade(s), e, quanto à esta, não se preocupou o Código Civil em estabelecer qualquer dispositivo específico.

Tecidas estas observações preliminares, passemos, então, à análise da fusão, para, em seguida, verificarmos os aspectos mais importantes relacionados à cisão. Volta-se a repetir, por oportuno, que a nossa atenção estará especialmente voltada para o que estabelece o Código Civil a respeito do tema.

DA FUSÃO

Nos termos do art. 1.119 do Código Civil, "a fusão determina a extinção de sociedades que se unem, para formar sociedade nova, que a elas sucederá nos direitos e obrigações". Este dispositivo, que nada mais é do que um repetição, apenas com algumas outras palavras, do que já estabelecia o art. 228 da Lei n° 6.404/76, apresenta a vantagem de facilitar em muito a conceituação de *fusão*.

Dentre os conceitos doutrinários apresentados, podemos mencionar o de Arnaldo Rizzardo, para quem se trata de um fenômeno de unificação de duas ou mais sociedades, que se extinguem ou desaparecem, para a formação de uma nova, ou seja, a fusão, seria, segundo se extrai da obra do mencionado autor, a formação de uma personalidade jurídica nova resultante da combinação de duas personalidades jurídicas distintas.

Com um ângulo de visão um pouco diverso, temos a menção, por parte de Ricardo Fiuza, de que o que efetivamente importa na fusão é a união patrimonial, quando então os patrimônios de várias sociedades são somados e transferidos para a sociedade que surgirá a partir da própria fusão.

Tratando igualmente das questões relacionadas ao patrimônio em si, e se utilizando deste aspecto para a *caracterização* da própria *fusão*, Modesto Carvalhosa afirma que os acionistas, na verdade, praticam o ato de subscrição com o capital alheio, ou seja, com os patrimônios líquidos das sociedades envolvidas, e das quais eram sócios. Em razão disto, adverte Carvalhosa que "tal negócio *sui generis* não enseja, no entanto, qualquer comunicação prévia entre o patrimônio das sociedades fusionadas e o de seus respectivos sócios, que são os beneficiários diretos da subscrição. A troca de posições societárias, que resulta do negócio de fusão, não desnatura, em nenhum momento, a total autonomia entre o patrimônio da nova sociedade e o de seus sócios".

Por conta das observações doutrinárias, que apresentamos nos parágrafos anteriores, podemos afirmar que a fusão possui o seu regular processamento em duas fases distintas:

a) a passagem dos sócios das sociedades fusionadas para a nova sociedade; e

b) a extinção *ex facto* das sociedades originárias, que são aquelas que transmitiram o seu patrimônio para a nova sociedade decorrente da fusão.

DAS FORMALIDADES PARA A FUSÃO

Ao contrário do que pode parecer, o legislador, ao elaborar o novo Código Civil, agiu sabiamente optando por não formular uma série de exigências específicas no que se refere à fusão, limitando-se a pressupor que as sociedades que se propõem a unir-se obtenham a necessária aprovação de seus sócios ou acionistas. Isto é o que se depreende do contido no art. 1.120, *caput*, do Código Civil.

Em seguida, o mesmo art. 1.120 do CC, em seu § 1º, estabelece uma disposição muito próxima daquilo que se refere à incorporação (por nós já estudada na Unidade anterior), no que diz respeito a um *projeto* ou *justificativa*. E não poderia ter sido diferente, uma vez que a nomeação de peritos é vista como uma garantia de fidelidade no que concerne ao resultado das avaliações em relação aos bens integrantes do patrimônio. Quanto à parte final do seu dispositivo, é grande a cizânia doutrinária e jurisprudencial a respeito da necessidade de ser mais de um *perito*. Por um lado, afirma-se que a utilização do plural, com a necessidade de mais de um perito em razão disto, objetiva exatamente se dar uma maior garantia à avaliação (a Lei nº 6.404/76, por exemplo, determina, em seu art. 8º, a avaliação por pelo menos três peritos ou por empresa especializada. No entanto, a mesma lei citada não apresenta esta exigência na parte referente a fusões.). Adotando um outro entendimento, uma grande corrente afirma que o texto referiu-se a "peritos" unicamente em virtude da grande variedade de bens, que poderá, por conseguinte, exigir mais de um especialista para a sua avaliação. Pense-se, por exemplo, em sociedade que possua, em seu patrimônio, bens imateriais os mais diversos, imóveis, maquinários, automóveis, etc.

No que se refere ao § 2º do mesmo art. 1.120 do CC, este dispositivo deixa claro que após a realização das reuniões dos sócios em cada sociedade, e aprovado o laudo de avaliação, os administradores deverão dar conhecimento aos demais sócios ou acionistas – permitindo-lhes o acesso aos documentos correspondentes ao negócio, de modo a orientar a decisão por estes –, em assembléia conjunta, onde então serão aprovados os laudos, bem como o ato constitutivo da nova sociedade, procedendo-se, ainda, à eleição dos administradores desta.

A vedação, constante do art. 1.120, § 3º, do Código Civil, no que diz respeito aos sócios votarem o laudo de avaliação do patrimônio da sociedade de que faziam parte, representa, antes de mais nada, uma norma de conteúdo ético, principalmente relacionado com o objetivo de evitar o abuso do direito de voto, além da própria questão verificada no que se refere ao conflito de interesses em jogo.

Finalmente, e no que se refere à *fusão*, seus atos constitutivos deverá ser inscritos no registro da sede, conforme estabelece o art. 1.121 do Código Civil, que, neste aspecto, se limitou a estabelecer o que, por exemplo, já consta do art. 234 da Lei nº 6.404/76. Sobre este assunto, Luiz Antônio Soares Hentz afirma que se deve observar, no mais, as regras estabelecidas para o registro público de empresas mercantis ou registro civil de pessoas jurídicas, conforme se tratar de sociedade empresária ou de sociedade simples, ante o que dispõe o art. 1.150 do Código Civil.

No que se refere a hipóteses de falência, recorremos ao que já foi escrito, no Capítulo anterior (observe-se o nosso comentário ao que estabelece o art. 1.115 do CC), sobre a existência de dois tipos de credores por dívidas sociais, a saber: os credores *anteriores* e os *posteriores* relativamente à *modificação societária*. Assim, e nos termos do art. 1.122, § 3º, do Código Civil, o credor de dívida anterior poderá requerer a separação dos patrimônios anteriores à cada operação, onde se terá, então, massas distintas para os fins de cumprimento das obrigações creditícias em casos que tais.

DA CISÃO

Sobre a cisão, conforme já se afirmou, o Código Civil não estabeleceu qualquer regra a respeito. Isto vem permitindo à doutrina a possibilidade de se utilizar, no trato com a matéria, dos princípios trazidos pela Lei nº 6.404/76, inclusive se indo mais além, quando também se observa, na prática, uma enorme aplicação analógica dos dispositivos constantes da mencionada lei.

E não se pode sequer criticar quem segue o caminho da aplicação subsidiária. Isto porque o Projeto de Lei n° 7.160/2002 – por nós tantas vezes já mencionado neste Curso – propõe-se a acrescentar, ao Código Civil vigente, o art. 1.121-A, que, em seu *caput*, conceitua a cisão como a "operação pela qual uma sociedade transfere parcela do seu patrimônio para uma ou mais sociedades, constituídas para esse fim ou já existentes, extinguindo-se a sociedade cindida, se houver versão de todo o seu patrimônio, ou dividindo-se o seu capital, se parcial a versão". Para que se possa ter uma idéia da cópia que isto representa, mencionemos o que estabelece o art. 229 da Lei n° 6.404/76 sobre o tema: "A cisão é a operação pela qual a companhia transfere parcelas do seu patrimônio para uma ou mais sociedades, constituídas para esse fim ou já existentes, extinguindo-se a sociedade cindida, se houver versão de todo o seu patrimônio, ou dividindo-se o seu capital, se parcial a versão". Talvez esteja parecendo mais interessante a nós todos que o legislador, acolhendo o entendimento doutrinário mencionado no parágrafo anterior, apresente um Projeto de Lei com um único dispositivo: "*Em caso de omissão na parte relativa ao Livro II da Parte Especial, aplicam-se as normas contidas na Lei n° 6.404/76, desde que compatíveis*".

No caso da cisão, e ao contrário do fenômeno concentracionista observado na incorporação e na fusão, o capital migra de uma empresa para outras, havendo, em princípio o processo inverso daquele observado nas outras duas figuras.

Verificando-se a concepção do que vem a ser a cisão, bem como diante dos elementos comuns observados às demais hipóteses, a doutrina vem extraindo as seguintes diretrizes para a verificação da cisão:

a) a sucessão nos direitos e obrigações da sociedade cindida, pela sociedade cindenda, levando-se em conta o capital vertido, que poderá ser total ou parcial;

b) submissão da cisão à justificativa ou protocolo apresentado;

c) nomeação de peritos para fins de efetuar o levantamento do patrimônio da sociedade;

d) deliberação por assembléia acerca da aceitação ou rejeição da cisão; e

e) providências relativas à averbação da cisão perante o local de registro.

O REGIME PATRIMONIAL E A INCIDÊNCIA DE TRIBUTOS NA INCORPORAÇÃO, NA FUSÃO E NA CISÃO

Embora fuja um pouco do tema central deste Capítulo, torna-se de relevância a menção, ainda que sucinta como o caso requer, acerca do imposto de transmissão.

Ab initio, deve-se aludir ao fato de que, a teor do art. 132 do Código Tributário Nacional, a pessoa jurídica que resultar da incorporação, fusão, ou cisão responde pelos tributos devidos até a data do ato da mudança.

Tanto pela incorporação, quanto pelas duas espécies analisadas nesta Unidade, aparentemente se observa a *transferência* do patrimônio de uma sociedade para outra. Todavia, ainda que ocorra algo semelhante à transferência, não se verifica, em casos que tais, a hipótese de incidência para o tributo, uma vez que o que ocorre é somente uma mudança de regime dos bens sociais. A respeito do tema, Gladston Mamede afirma que não haverá também *transmissão* de bens, mas mera alteração do titular, já que ao corpo de uma sociedade acrescentou-se o corpo de outra.

Assim, por exemplo, no que se refere ao ITBI, este não incidirá em casos que tais, por força do que estabelece expressamente o art. 156, § 2º, inciso I, da Constituição Federal.

E, desde que a atividade principal ou preponderante da sociedade não gire em torno de compra e venda de bens, locação de imóveis ou arrendamento mercantil, a matéria encontra-se igualmente prevista, no mesmo sentido, no disposto no art. 36, inciso II, do Código Tributário Nacional. Quando a atividade principal ou preponderante for algumas das mencionadas no princípio deste parágrafo, haverá a incidência por força do que estabelece o art. 37 do CTN.

Da mesma maneira, a transformação em qualquer de suas facetas das sociedades não é fato gerador do ICMS, conforme já decidiu o Superior Tribunal de Justiça, por exemplo, em seu Resp. nº 242.721/SC, da 1ª T. do STJ, j. em 19/06/2001.

CAPÍTULO 24

SOCIEDADES NACIONAIS DEPENDENTES DE AUTORIZAÇÃO

OBSERVAÇÕES INICIAIS

Tendo em vista os princípios da livre iniciativa e da livre concorrência, constitucionalmente consagrados, pode-se afirmar que, no Brasil, o seu sistema jurídico adota, como regra, a liberdade de atuação das empresas que aqui operam.

No entanto, o novo Código Civil, ao tratar, em seu Capítulo XI do Livro II (Parte Especial), das sociedades dependentes de autorização, estabelece uma situação excepcional, e que concerne à necessidade de autorização para o funcionamento de empresa. E, no âmbito constitucional, tal possibilidade resta estabelecida no art. 170 da Constituição Federal, quando este dispõe que é "assegurado a todos o livre exercício de qualquer atividade econômica, independentemente de autorização de órgão públicos, salvo nos casos previstos em lei". Existia um outro regramento mais específico ainda, e que constava do art. 171 da CF, mas que foi posteriormente revogado por força da Emenda Constitucional n° 06/95, permanecendo, contudo, ainda vigente o disposto no art. 176, §1° , da Constituição Federal.

E, ao abordar a matéria, o Código Civil vigente a divide em três partes, a saber:

a) disposições gerais – em seus arts. 1.123 a 1.125;

b) da sociedade nacional – nos termos dos arts. 1.126 a 1.133; e

c) da sociedade estrangeira – sobre o que disciplinou em seus arts. 1.134 a 1.141.

Analisaremos aqui as situações referentes às letras "a" e "b" supra, deixando, para o estudo do Capítulo 25, a matéria relativa às sociedades estrangeiras.

DAS DISPOSIÇÕES GERAIS

O regime de autorização é, consoante menciona Ricardo Fiuza, um sistema de outorga em que a constituição da empresa depende de autorização governamental em virtude de relevantes razões de interesse público.

Ab initio, devemos fazer alusão ao fato de que o novo Código Civil, em seu art. 1.123 – que, por sinal, é bastante semelhante ao que disciplinou o art. 59 do Decreto-lei n° 2.627/40 –, optou por não estabelecer quais seriam as sociedades que necessitam de autorização para funcionar, remetendo tal disciplinamento para as leis especiais, que são várias, *v.g.* a Lei n° 4.595/64 (relativa a bancos e instituições financeiras), o Decreto-lei n° 73/66 (sobre as empresas de seguros), a Lei n° 7.565/86 (que veio disciplinar as empresas de transporte aéreo) e a Lei n° 8.977/95 (sobre empresas de exploração de televisão a cabo).

E, ainda no que se refere às leis especiais, merece atenção especial o que se encontra disciplinado na Lei n° 6.404/76 (Lei das Sociedades Anônimas), que, em seu art. 300, estabelece estar revogado o Decreto-lei n° 2.627/40, com exceção dos seus artigos 59 a 73, dispositivos estes que, com raríssimas alterações de natureza redacional, corresponde ao que atualmente se encontra nos arts. 1.126, 1.128 e 1.129 a 1.132, todos eles do Código Civil. Não é por outro motivo que, por exemplo, os artigos 1.128 e 1.132 do Código Civil fazem expressa menção às sociedades anônimas, ao lado da referência - aí sim genérica - às outras sociedades.

Segundo o parágrafo único do art. 1.124 do Código Civil, "a competência para a autorização será sempre do Poder Executivo federal". Trata-se, *in casu*, de elemento taxativo, conforme se depreende do uso da palavra "sempre", contida no texto. Justificando tal exigência, Ricardo Fiúza – que, por sinal, foi o autor da redação que recebeu o dispositivo no Código Civil – afirma que "considerando que é de competência privativa da União legislar sobre normas de direito civil e comercial (art. 22, I), ao Poder Executivo Federal deve também competir autorizar a constituição de sociedades sujeitas a regime especial de funcionamento e fiscalizar o cumprimento das leis e regulamentos especiais que por estas devem ser observadas". No entanto, este entendimento não é pacífico na doutrina, pois, por exemplo, nos termos utilizados por Arnaldo Rizzardo, esta disposição deverá ser entendida "com certa relatividade", quando a regulamentação da matéria for da competência dos Estados ou dos Municípios, para cujas esferas seria então deslocada a atribuição, *v.g.* em questões relativas à vigilância sanitária e à segurança particular.

Quanto ao momento, o art. 35, inciso VIII, da Lei n° 8.934/94, trata de um instante inicial, quando este veda o arquivamento do ato constitutivo de sociedade ainda não aprovada pelo Governo, quando essa autorização se fizer necessária. Também abordando esta fase incipiente, temos o art. 1.124 do Código Civil que estabelece ficar caduca a autorização se a sociedade não entrar em funcionamento no prazo de doze meses seguintes à publicação, salvo quando outro prazo for estipulado em lei especial ou for fixado pelo ato do Poder Público.

Ainda no que se refere ao momento, enquanto os dispositivos mencionados no parágrafo anterior tratam do instante inicial, o art. 1.125 do Código Civil aborda a possibilidade de cassação da autorização – aqui estamos tratando de sociedade em pleno funcionamento – quando houver infringência a disposições de ordem pública, ou, ainda, quando a sociedade praticar atos contrários aos fins declarados em seus estatutos.

Pelo exposto nos dois parágrafos antecedentes, podemos afirmar que uma das características inerentes ao regime de autorização é a de que o Poder Público exerce a sua fiscalização, sobre a sociedade autorizada, durante todo o tempo, uma vez que lhe cumpre assegurar o permanente respeito às leis e aos regulamentos concernentes à matéria.

DA SOCIEDADE NACIONAL

O novo Código Civil estabelece, no *caput* do seu art. 1.126, uma importante caracterização quanto às sociedades nacionais, permitindo, com isto, a sua distinção relativamente à sociedade estrangeira. Segundo o aludido dispositivo, é "nacional a sociedade organizada de conformidade com a lei brasileira e que tenha no País a sede de sua administração". Com isto, observa-se um distanciamento com o que se encontra estabelecido no art. 11 da Lei de Introdução ao Código Civil, que adota apenas o critério do lugar da constituição, e pelo qual as organizações, sociedades e fundações devem obedecer à lei do Estado em que sejam constituídas.

Assim, a nacionalidade brasileira somente será atribuída, com base no que estabelece o Código Civil, quando estiverem presentes os dois requisitos:

a) organização da sociedade em conformidade com a lei brasileira; e

b) a fixação e manutenção, no Brasil, da sede de sua administração.

Pela hipótese mencionada na letra "b" supra, será considerada nacional, por exemplo, a empresa multinacional (!?!) quando constituída no Brasil, e desde que adote uma das formas societárias previstas em nosso direito.

Da mesma maneira, e como regra, também se observa o fato de que serão, tais sociedades, regidas pela nossa legislação, ainda que os seus acionistas controladores residam em outro país.

No entanto, para determinadas situações, previstas no art. 1.126, parágrafo único, do Código Civil, a lei poderá exigir que todos, ou alguns sócios, conforme o caso, sejam brasileiros, sendo indiferente - em princípio, uma vez que não exigidos na mencionada norma –, se as quotas são titularizadas por brasileiros natos ou nacionalizados.

Uma outra exigência, também contida no parágrafo único do art. 1.126 do Código Civil, diz respeito ao fato de que, no silêncio da lei, as ações das sociedades anônimas deverão ter a força nominativa. Na realidade, a razão de existir esta exigência decorre do longo tempo de "maturação" do novo Código Civil, uma vez que, por força da Lei n° 8.021/90, as ações ao portador já estão abolidas há quase vinte anos.

DA MUDANÇA DE NACIONALIDADE

O art. 1.127 do Código Civil estabelece o seguinte: "Não haverá mudança de nacionalidade de sociedade brasileira sem o consentimento unânime dos sócios ou acionistas".

O dispositivo mencionado apresenta-se como um elemento de suma importância, uma vez que, com a mudança de nacionalidade ali aventada, a sociedade perderá a condição de brasileira, também aqui independentemente do fato de os seus sócios controladores continuarem a residir no Brasil. Desta importância, é que surge a obrigatoriedade de que a deliberação se dê por unanimidade entre os sócios.

No entanto, e mesmo quando, verificada esta unanimidade, ocorrer a mudança de nacionalidade, não se pode esquecer o fato de que, conforme já estudamos em outra Unidade anterior, as filiais ou empresas instaladas no Brasil deverão encontrar-se constituídas ainda de acordo com a sistemática brasileira.

Uma outra questão, acerca do tema, diz respeito ao fato, muito bem lembrado por Arnaldo Rizzardo, de que não se reconhece aos credores o direito de oposição à mudança de nacionalidade, diante da omissão da lei a respeito. Não obstante, se for observada uma sensível redução de solidez das garantias dos créditos, mantém-se a responsabilidade patrimonial da sociedade, bem como a de seus sócios administradores.

REQUERIMENTO E PROVIDÊNCIAS PARA A AUTORIZAÇÃO

Do requerimento, para fins de autorização da sociedade nacional, trata o art. 1.128 do Código Civil, que informa, inclusive, os documentos que deverão originariamente acompanhar tal requerimento. No entanto, a matéria é também tratada em diversas leis específicas, no que se refere à normatização sobre as exigências para que se postule a autorização governamental. Apenas à guisa de exemplificação, podemos mencionar, pela importância que representa, a Lei n° 6.385/76, que se refere, dentre outras coisas, à autorização para constituição ou transformação de sociedade anônima de capital aberto, para que esta possa emitir títulos e valores mobiliários no mercado de capitais.

O artigo seguinte (CC, art. 1.129) reconhece poderes, ao Poder Executivo, para examinar e decidir sobre os mais diversos aspectos relacionados à autorização, por exemplo no que diz respeito a certas alterações ou aditamentos, que poderão se referir à constituição da sociedade em si, ou, ainda, aos documentos que importaram na possibilidade de alguns dos sócios fazerem parte da mesma. Não serão, contudo, admitidas exigências que não guardem relação com a lei ou regramentos vigentes, motivo pelo qual as imposições arbitrárias ou inconcebíveis não estão contidas no poder regulador previsto no artigo ora examinado.

Em não cumpridas as exigências legítimas para tal, o art. 1.130 do Código Civil considera justificada a recusa, pelo Poder Público, de autorização para o funcionamento da sociedade, aí sim tratando-se de ato discricionário conforme a faculdade prevista no aludido artigo.

A respeito do tema, a jurisprudência vem se manifestando, há muito tempo, no sentido de que "a autorização não espanca o exame da conveniência e oportunidade do funcionamento da sociedade, conforme prudente análise do administrador, isento do timbre ou intuito de abuso" (Resp. n° 12.017, da 1ª T. do STJ, j. em 20/04/94, DJU de 23/05/94.

No que se refere às sociedades anônimas, o art. 1.132 do Código Civil estabelece que, nas hipóteses em que se fizer necessária a especial autorização pelo Poder Público, as mesmas não se constituirão antes que obtenham tal autorização, sendo que a constituição mediante subscrição pública, a que o dispositivo faz referência, encontra-se regulada pelos arts. 82 a 87 da Lei n° 6.404/76.

Por fim, o art. 1.133 do Código Civil excepciona – da regra geral que exige aprovação das modificações do contrato ou do estatuto relativamente às sociedades que se encontrem sujeitas à autorização – as alterações que decorrerem de mero aumento do capital social quando isto for ocasionado por utilização das próprias reservas ou por força da reavaliação do ativo da sociedade. Isto se justifica uma vez que o aumento de capital, em casos que tais, vai se verificar sem que isto importe em qualquer alteração no patrimônio da sociedade, bem como diante da manutenção da proporcionalidade na participação interna dos sócios. E, no caso das sociedades anônimas, há de se aplicar, dentre as situações permitidas pelo at. 1.133 do CC, as hipóteses abstratamente previstas em seus arts. 5°, parágrafo único, e 167, ambos da Lei n° 6.404/76.

No entanto, e ainda nos referindo ao art. 1.133 do Código Civil, outras alterações, mesmo as mais simples e rotineiras, tais como aberturas de filiais, de acordo com o texto legal, deverão ser submetidas à aprovação e autorização pelo Poder Público.

CAPÍTULO 25

SOCIEDADES ESTRANGEIRAS DEPENDENTES DE AUTORIZAÇÃO NO BRASIL

OBSERVAÇÕES INICIAIS

Considerando-se o processo de globalização observado atualmente, em decorrência do qual, inclusive, muitos pregam o fim das fronteiras nacionais, não se pode deixar de considerar as empresas assim consideradas como estrangeiras, até mesmo pelo fato de que muitas delas auxiliam significativamente na evolução social e econômica do país.

A respeito das sociedades estrangeiras, devemos mencionar, em primeiro lugar, que os dispositivos constantes das Disposições Gerais do Capítulo XI (compreendendo os artigos 1.123 a 1.125 do CC), que analisamos na Unidade 24, também se aplicam a essas empresas. E, além destes, há de se lhes aplicar os artigos 1.134 a 1.141, todos do Código Civil. É exatamente a parte específica (Livro II, Capítulo XI, Seção III, da Parte Especial do Código Civil), a respeito da matéria, que será objeto de nosso estudo neste Capítulo.

DA SOCIEDADE ESTRANGEIRA

Como sabemos não ser viável na prática, nos dias atuais, negar-se a entrada de empresas estrangeiras no país, até mesmo em virtude das novas necessidades decorrentes da expansão das formas de vida, o que se pode fazer, então, é estabelecer o regramento e fixar-se exigências para quando ocorrer de fato a instalação dessas sociedades com sede em outros países.

Consoante afirma Arnaldo Rizzardo, instalando-se em países distintos daqueles da sede, as pessoas jurídicas se constituem e organizam em consonância com as leis que neles vigoram.

Sobre o tema, Arnoldo Wald menciona que a empresa brasileira deverá ter sempre um crédito inicial de confiança, pois cria, na maioria dos casos, muitos empregos em nosso país, pagando tributos, e, com isto, dando azo à criação de outras empresas nacionais com produções complementares às daquelas. Aduza-se, ainda, uma série de motivos que justificam até mesmo a reserva feita a certos setores das atividades unicamente às empresas nacionais.

Tratando ainda de um período completamente diverso daquele que encontramos hoje nas relações comerciais, mas demonstrando o mesmo tipo de preocupação que teve o legislador quando da redação do novo Código Civil, Carlos Fulgêncio da Cunha Peixoto afirmou, em comentários ao art. 64 do Decreto-lei n° 2.627/40, que, "visando o dispositivo a defesa da economia nacional, a sociedade estrangeira, qualquer que seja o seu objeto, depende do consentimento do Governo. A finalidade é evitar o funcionamento, no país, de companhias sem que o Poder Público tenha elementos para fiscalizar suas atividades". Percebam todos que estamos falando de uma norma ainda do período do governo de Getúlio Vargas! Considerando-se que, no princípio deste Século XXI, um estudo realizado demonstrou que, se algumas empresas transnacionais fossem países, entre os dez donos dos maiores índices de produtos brutos no mundo, teríamos quatro empresas e seis países... Dá para se ver que boa parte do capital, hoje em dia, é apátrida, e também são apátridas diversas empresas cuja atividade diz respeito ao movimento deste mesmo capital.

Acompanhando o mesmo passo do que já existia há mais de sessenta anos, inclusive porque o mencionado Decreto-lei n° 2.627/40 foi mantido em vigor por remissão expressa feita pelo art. 300 da Lei n° 6.404/76, o nosso Código Civil estabelece, em seu art. 1.134, *caput*, que a sociedade estrangeira, qualquer que seja o seu objeto, não pode, sem autorização do Poder Executivo, funcionar no País, ainda que por estabelecimentos subordinados, podendo, todavia, ressalvados os casos expressos em lei, ser acionista de sociedade anônima brasileira. A respeito da autorização do Poder Executivo, o Decreto n° 3.444, de 28/04/2000, estabeleceu a competência do Ministério do Desenvolvimento, Indústria e Comércio Exterior para autorizar o funcionamento de empresas estrangeiras no país. Ainda sobre o tema, devemos observar que qualquer modificação no contrato ou no estatuto, ainda que no país de origem da sociedade estrangeira, isto dependerá de aprovação pelo Poder Executivo no Brasil, para que possa então produzir efeitos em nosso território nacional, consoante se depreende do art. 1.139 do Código Civil.

Tecidas estas considerações, vamos então verificar como a doutrina vem conceituando a sociedade estrangeira. Segundo o magistério de Waldemar Ferreira, a companhia é estrangeira exatamente por não se constituir senão no país em que tenha sua sede e estabelecimento, devendo, para se transferir para o Brasil, ter adquirido personalidade jurídica, de acordo com a sua lei nacional. Modesto Carvalhosa, tratando do tema, afirma que a sociedade será estrangeira quando sua sede estiver localizada fora do nosso território nacional, e a sua constituição e organização estiverem sob a égide da lei de outro país.

Em uma posição divergente a respeito da matéria, Arnoldo Wald clama para que o Poder Executivo mantenha, na aplicação do disposto no art. 1.134 do Código Civil, um espírito conciliador, sem aquela idéia de proteção infundada, onde muitas vezes se confunde defesa do interesse nacional com a arbitrariedade. E fundamenta a sua preocupação ao afirmar que a "empresa controlada por estrangeiros que fabrica bens de equipamento em nosso País é tão ou mais brasileira do que a subsidiária de banco ou de construtora brasileira que atua no exterior, contratando empregados estrangeiros, pagando tributos a outros países e remetendo para o Brasil dividendos, na maioria das vezes, simbólicos".

Corroborando o que mencionou Arnoldo Wald, temos que a exigência de autorização não se aplica quando a sociedade estrangeira realizar negócios com empresas ou sociedades nacionais, sempre que estes negócios forem celebrados em seus países (no exterior). Como o próprio *caput* do mencionado art. 1.134 do Código Civil admite, ainda, e de maneira expressa, a possibilidade de a sociedade estrangeira ser acionista de sociedade anônima brasileira, temos que a sociedade estrangeira possui vários caminhos para atuar no Brasil sem ter que se submeter a todas essas exigências. E, para que aceitem submeter-se às exigências formais previstas nos § § 1º e 2º do art. 1.134, além do que também estabelece o art. 1.135, ambos do Código Civil, pode-se ter uma idéia das vantagens que elas pretendem obter com isto.

Relativamente ao art. 1.135 do Código Civil, da sua leitura verifica-se que o Poder Executivo poderá estabelecer exigências adicionais para a concessão da autorização em virtude de razões relacionadas à defesa dos interesses nacionais. Assim, por exemplo, no caso de instalação de uma indústria estrangeira, colocam-se os níveis de produção, o sistema de fiscalização, o controle de vendas, de maneira a não prejudicar a indústria nacional no mesmo setor, além de imprimir uma maior segurança no que concerne aos produtos, preservando-lhes a qualidade. Isto em tese, uma vez que a chegada de uma grande empresa estrangeira é acompanhada de uma ferrenha briga entre Estados, e, dentro de um mesmo Estado da Federação, por diversos Municípios, interessados em sua instalação, oferecendo, dentro da lei da oferta e da procura, uma série de subsídios, onde, então, são as empresas estrangeiras quem normalmente apresentam as suas exigências – *v.g.* no que se refere à construção de estradas para melhor escoamento da produção –, para não dizer das situações onde até o terreno, onde funcionará o seu parque industrial, é decorrente de doações feitas à sociedade estrangeira.

No entanto, por força do disposto no art. 1.135 do Código Civil, após vencidas as etapas relativas à aprovação da sociedade estrangeira para o seu funcionamento no Brasil, formaliza-se o documento de autorização, o que se dará por Decreto ou ato delegado, quando a sociedade promoverá a publicação dos atos pertinentes. A publicidade será dada, em casos que tais, atendendo-se ao que dispõe o art. 1.152, § 2º, do Código Civil, que assim estabelece: "As publicações das sociedades estrangeiras serão feitas nos órgãos oficiais da União e do Estado onde tiverem sucursais, filiais ou agências". A publicação oficial, de que aqui se está tratando, constitui-se em condição para a eficácia *erga omnes* do ato e um meio de prova da legalidade formal e substancial.

Observe-se, a respeito, que, embora seja de bom alvitre que isto ocorra, não existe, contudo, qualquer exigência para que se dê a publicação em jornal particular de grande circulação.

Em seguida, passemos à análise sobre o cumprimento ao disposto no art. 1.136 do Código Civil. Assim, quando da inscrição de sua autorização para funcionar no Brasil, seja no Registro Público de Empresas Mercantis (no caso de sociedade empresária) ou no Registro Civil das Pessoas Jurídicas (se sociedade simples – não mercantil), deverá ser comprovado o depósito do capital declarado, tido como destinado às operações da sociedade no País, que, segundo parte da doutrina – Sérgio Campinho, por exemplo –, deverá ser efetuado em dinheiro e em estabelecimento bancário oficial.

Uma outra questão, a respeito das sociedades estrangeiras em nosso País, refere-se ao fato de que, mesmo que não venha a instalar sucursais, agências ou filiais, a sociedade deverá ser representada, uma vez autorizada a operar no País, por diretor ou procurador especialmente habilitado, e que deverá ter o seu domicílio no Brasil. Em casos que tais, ainda por exigência do art. 1.138 do Código Civil, o instrumento do mandato deverá ser averbado e arquivado, para que possa ter a amplitude da representação dos atos perante terceiros (CC, art. 1.138, parágrafo único).

Finalmente, devemos mencionar ser possível o procedimento de nacionalização da sociedade estrangeira, conforme permite o art. 1.141 do Código Civil, o que se dará quando ocorrer a transferência de sua sede para o Brasil, para o que será necessário, dentre outras coisas, que se apresente os documentos apontados no art. 1.134, § 1º, do Código Civil, além da prova de integralização do capital pelos sócios, tudo de acordo com o fixado pelo art. 1.141 do Código Civil. Nestas hipóteses, a doutrina tem por costume afirmar que ocorreu uma "*constituição derivada da sociedade estrangeira*".

CAPÍTULO 26

ESTABELECIMENTO

INTRODUÇÃO

O Código Civil trata do *estabelecimento* em seus artigos 1.142 a 1.149, o que representa matéria inédita no direito positivo brasileiro no que concerne à Codificação do tema. Isto porque tanto no antigo Código Civil (1916), quanto no que diz respeito ao Código Comercial, não existia um regramento específico sobre o tema, embora o instituto do estabelecimento já estivesse disciplinado há muito tempo, embora sempre em legislação esparsa. No entanto, como bem afirmou Eduardo Goulart Pimenta, não se pense que as normas então em vigor ignorassem completamente a questão, pois apenas se carecia da generalidade e organização que lhe trouxe o novo Código Civil. A título de exemplificação, podem ser mencionados o Decreto n° 24.150/34 e o Decreto-lei n° 7.661/45.

Os doutrinadores da área do Direito Comercial sempre apresentaram uma conceituação para o estabelecimento. À guisa de informação, Carvalho de Mendonça afirmou que o mesmo "consiste no organismo econômico aparelhado para o exercício do comércio", enquanto que Waldemar Ferreira afirmava tratar-se de um "complexo de bens organicamente reunidos em certo e determinado lugar, como este mesmo, para o exercício da atividade mercantil ou comercial". Mais recentemente, Rubens Requião sinteticamente afirmou que o estabelecimento é "o instrumento da atividade do empresário".

Seguindo a mesma linha da doutrina supramencionada, o novo Código Civil, reconhecendo, *ab initio*, que somente haverá estabelecimento no âmbito de uma atividade empresarial, afeta a negócios e atos mercantis, apresentou, em seu art. 1.142, uma conceituação do que a doutrina vinha denominando de *estabelecimento comercial* ou *fundo de comércio*, e que se deu nos seguintes termos: "Considera-se estabelecimento todo complexo de bens organizado, para exercício da empresa, por empresário, ou por sociedade empresária".

Tomando-se, como ponto de partida, o capital e o patrimônio necessário à consecução das atividades para as quais se propõe a empresa, a isto se aderem outros elementos, tais como aqueles representados pelos recursos humanos, físicos, tecnológicos, bens incorpóreos, dos quais são exemplos, quanto a estes últimos, o nome empresarial, o direito ao ponto, além das marcas e as patentes. Outros autores ainda incluem outros elementos, *v.g.* as próprias tarefas desempenhadas pelo conjunto da sociedade, como administradores, gerentes, prepostos, etc. Conforme o entendimento apresentado por Arnaldo Rizzardo, "tem-se a organização da universalidade de bens e valores para o exercício de uma atividade econômica, que é a empresa".

ATRIBUTOS E ELEMENTOS DO ESTABELECIMENTO

Inicialmente, devemos mencionar que o estabelecimento compreende a verificação de dois atributos principais, que são:

a) o aviamento – que corresponde à capacidade de a empresa auferir lucros a partir da organização dos fatos de produção; e

b) a clientela – que é exatamente o conjunto de pessoas que se relacionam com a empresa, utilizando-se dos seus serviços ou adquirindo os seus bens.

Como se pode facilmente aferir, a clientela – indicada na letra "b" anterior –, não é exatamente uma propriedade do empresário. No entanto, no momento em que a mesma pode influenciar no êxito ou insucesso da empresa, o ordenamento jurídico encarregou-se de tal matéria, principalmente com o objetivo de não permitir que o empresário tenha a sua clientela "usurpada por meios ilegais", o que, em outra palavras, diz respeito ao combate à concorrência desleal.

Tudo o que observamos no tópico anterior, além de uma série de outras condições apresentadas pelos diversos doutrinadores, constitui a idéia, e, por isso, se insere no conceito de *estabelecimento*, como alguns de seus elementos. E, tratando exatamente dos elementos do *estabelecimento empresarial* – hipótese abstratamente prevista no art. 1.142 do Código Civil –, Arnoldo Wald menciona as suas duas categorias, que podem ser assim apresentadas:

a) bens corpóreos – uma vez que o estabelecimento é formado de bens como máquinas, utensílios, estoques e outros bens materiais, de existência física, utilizados pelo empresário na atividade da sua empresa, e relativamente aos quais o mesmo possui a proteção inerente ao direito de propriedade; e

b) bens incorpóreos – que, segundo Maria Antonieta Lynch de Moraes, são "aqueles que não ocupam espaço no mundo físico", de que são exemplos as invenções, os desenhos de utilidade, as marcas, o *design* e o ponto comercial. Esta espécie de bens possui a sua proteção pela propriedade industrial.

Quanto aos *bens incorpóreos*, estes passaram a merecer uma atenção especial principalmente a partir das tão conhecidas empresas virtuais, que quase sempre não possuem imóveis, estoques consideráveis de algo, e, ainda assim, alcançam uma estimativa bastante elevada quanto ao seu valor de mercado, em virtude, por exemplo, da atividade desenvolvida ou dos resultados econômicos que produz.

No entanto, ao se tentar visualizar uma perfeita idéia de estabelecimento, observa-se que os mencionados bens, ainda que possuam, em suas respectivas individualidades, um valor muitas vezes considerável, não podem ser mensurados desta maneira. A esse respeito, Lucas Rocha Furtado menciona que todos os bens, uma vez reunidos de maneira organizada e voltados para a realização de determinada finalidade (o lucro), acabam por gerar um elemento novo, criando uma também nova realidade, cujo produto é muito mais valioso do que a simples soma de cada um dos elementos que irão compor essa universalidade. É a isto que se pode conceber como um *estabelecimento empresarial.*

É esta a visão que se pode ter da matéria, o que melhor permite uma perfeita compreensão do art. 1.143 do Código Civil, que, considerando o estabelecimento como um complexo de bens organizados para o exercício da empresa, admite que o mesmo possa ser objeto de negócios jurídicos envolvendo ele próprio, desde que compatíveis com a sua natureza unitária.

NEGOCIAÇÃO DO ESTABELECIMENTO

Tratando-se de um elemento a quem, em muitos dos casos, se atribui o significado do local onde a empresa desenvolve a sua atividade econômica, o estabelecimento, por força da permissão que lhe concede o mencionado art. 1.143 do CC, poderá estar sujeito, por exemplo, a penhoras, hipotecas, usufrutos, comodatos, locações, além das próprias situações que envolvem um caráter translativo, *v.g.* a compra e venda, a doação, a cessão, a arrematação e a adjudicação, dentre outros.

Tratando de algumas dessas hipóteses a que aludimos no parágrafo anterior, o art. 1.144 do Código Civil estabelece que, nos casos em que o contrato tiver por objeto a alienação, o usufruto ou o arrendamento do estabelecimento, isto somente produzirá efeitos perante terceiros após a devida averbação no pertinente Registro Público de Empresas Mercantis, além da necessária publicação na imprensa oficial. Novamente aqui não se verifica – o que até seria desejável – a exigência de publicação em jornal de grande circulação, hipótese abstratamente prevista no art. 1.152, §1°, do Código Civil. E, a respeito da publicação na imprensa oficial, a tendência é também a de que tal exigência seja retirada, considerando-se o texto apresentado como proposta no Projeto de Lei n° 7.160/2002.

Um aspecto importante, ainda relativamente ao que dispõe o art. 1.144 do Código Civil, refere-se ao fato de que a transferência do estabelecimento – normalmente pela tradicional figura do "passa-se o ponto" –, até mesmo porque este consiste em boa parte do ativo, que poderá ser utilizado na liquidação de dívidas, presta-se, muitas vezes, a encobrir manobras fraudulentas para prejudicar credores, principalmente quando indícios demonstram que o empresário encontra-se às beiras de um processo falimentar. Não é à toa que o art. 94, inciso III, letra "c", da Lei n° 11.101/2005 trata da matéria dentro da nova lei de falências.

Contudo, se restar perfeitamente demonstrado que, por exemplo, com a alienação do estabelecimento, o alienante continua solvente, a venda será considerada eficaz independentemente até de que se faça alguma comunicação aos credores, um vez que a própria solvência descaracterizaria qualquer possibilidade de má-fé nesses casos. No entanto, em muitos dos casos, conforme bem salienta Arnoldo Wald, a "situação de solvência nem sempre é clara, objetiva, pois pode variar de acordo com a valoração de bens restantes no patrimônio ou da qualificação de determinado passivo, ou, ainda, qualquer outra contingência". Para casos que tais, ainda antes do que prevê o atual art. 1.145 do Código Civil, já existia norma parecida no art. 52 da antiga lei falimentar. E, ratificando o contido no art. 1.145 do CC, o art. 129, inciso VI, da nova Lei de Falências (Lei n° 11.101/2005), possui regra com teor semelhante, onde se exige a notificação dos credores para que o negócio possa produzir efeitos.

No que concerne ao art. 1.146 do Código Civil, embora se trate de regramento novo, uma vez que o CC anterior, bem como o Código Comercial, não trataram especificamente do tema, não se pode dizer, por outro lado, que se refira a algum elemento novo na prática. Isto porque a doutrina há muito tempo já vinha abordando a matéria, e o entendimento predominante na época anterior acabou por ser adotado na redação dada ao mencionado dispositivo. À guisa de exemplificação, Oscar Barreto Filho afirmou que o fato de o antigo CC e o Código Comercial não terem editado regras a respeito da *sucessão no débito*, isto não significava, de modo algum, que vedassem a cessão da dívida, a quem aquele autor denominou de "sucessão singular do lado passivo da obrigação", e que, vista sob o ângulo do sujeito passivo, recebia a denominação de *assunção do débito* (o *accolo* do direito italiano). Ainda no que se refere ao art. 1.146 do Código Civil, o prazo, relativamente às *dívidas vencidas*, é contado do dia da publicação do ato de arquivamento da alienação perante o Registro Público de Empresas Mercantis, e, para as *dívidas vincendas*, será de um ano a partir do vencimento do título correspondente.

VENDA DO ESTABELECIMENTO E CONCORRÊNCIA AO ADQUIRENTE

Outro aspecto muito importante, no trato da matéria objeto desta Unidade, refere-se ao contido no art. 1.147 do Código Civil, e que diz respeito à hipótese denominada "cessão da clientela".

Assim, até mesmo para os fins de assegurar a seriedade da transação, salvo em caso de autorização expressa, o alienante não poderá se estabelecer novamente, vindo a concorrer com o adquirente do negócio, por um prazo de cinco anos, contado a partir da transferência.

Nos termos do parágrafo único do art. 1.147 do Código Civil, em se tratando, não de alienação (uma vez que a ela se refere o *caput* do mesmo artigo), mas de hipóteses que envolvam o usufruto ou o arrendamento do estabelecimento comercial, nestes casos a cessão da clientela terá um prazo a ser obedecido, como de não-concorrência, pelo mesmo período que for o de vigência do contrato que se está celebrando para os fins de instituir o usufruto ou o arrendamento.

Finalmente, e no que diz respeito ao previsto no art. 1.148 do Código Civil, Ricardo Fiuza observa que os contratos de obrigações envolvendo trato sucessivo, vinculados à atividade do estabelecimento, e celebrados perante terceiros, são transferidos para o adquirente daquele estabelecimento, que, portanto, se sub-roga em seus direitos e obrigações. Contudo, em se tratando de algum contrato de caráter pessoal, onde, portanto, somente o alienante poderá executar o que dali consta, tais contratos, como é óbvio, não se transferirão automaticamente.

CAPÍTULO 27

DO "REGISTRO"

DO ATO DO *REGISTRO* EM SI

Em inúmeros Capítulos anteriores, fizemos menção a diversas espécies de registros, que são igualmente realizados perante uma série de Órgãos diferentes, dependendo, por exemplo, da natureza de uma sociedade, ou também do tipo de ato que se procura registrar.

No presente Capítulo, seguindo-se a ordem metodológica estabelecida pelo Código Civil, relativamente ao Direito de Empresa, procederemos agora ao nosso estudo sobre *registro*, considerado pelo legislador como um instituto complementar, e a cujos dispositivos legais aludimos, por exemplo, no Capítulo anterior.

Em primeiro lugar, cabe-nos lembrar que, nos termos do art. 1.150 do Código Civil, tanto no que concerne ao empresário quanto às sociedades (sejam elas empresárias ou simples), estes são obrigados a efetuar o seu registro. No que se refere aos que exercem atividade empresarial, esta vinculação verifica-se perante o Registro Público de Empresas Mercantis, o que fica à cargo das Juntas Comerciais. No que tange às sociedades simples, conforme já afirmamos outrora, estas devem ser registradas no Registro Civil das Pessoas Jurídicas, com exceção das cooperativas, que, por expressa previsão em sua norma especial, deverão ser registradas perante o Registro Público de Empresas Mercantis.

No entanto, pode-se observar que a obrigatoriedade do registro consta no Código Civil, mas não se limita a este, pois diversas outras normas especiais também assim estabelecem, sendo dignas de alusão a Lei n° 6.015/73 e a Lei n° 8.934/94. Quanto à esta última, nos termos do seu art. 2°, estão sujeitos aos registros os atos e negócios jurídicos do empresário e da sociedade empresária.

Conforme menciona Ricardo Fiuza, todos os atos jurídicos formais relativos à constituição, existência, transformação e extinção das sociedades, bem como da situação jurídica do empresário, deverão ser comunicados e ficarão arquivados no registro competente. Contudo, devemos ressaltar que o registro não representa, ao contrário do que se possa imaginar, uma condição essencial para que exista a sociedade, mas se caracteriza como o elemento necessário para que se gere a regularidade da própria sociedade. Isto porque enquanto este não ocorrer, teremos a *sociedade em comum*, anteriormente denominada de sociedade de fato.

A) DA HIPÓTESE DE OPÇÃO ENTRE REGISTROS

Uma questão, que se nos afigura interessante, encontra-se caracterizada pelo fato de que algumas sociedades, com atividades ou características específicas, receberam um tratamento legal diferenciado, onde lhes foi concedido o benefício da escolha de seus tipos societários, no sentido de que possam optar por serem registradas no Registro Público de Empresas Mercantis ou no Registro Civil das Pessoas Jurídicas.

Dentre as espécies de sociedades inseridas nesta faculdade de escolha, temos, em primeiro lugar, as sociedades com atividades rurais, relativamente a quem o art. 970 do Código Civil determina um *tratamento favorecido*, *diferenciado* e *simplificado*, cujos termos vêm logo em seguida no texto do seu art. 984, que expressamente lhes outorga a opção de escolha.

A segunda situação refere-se à pequena empresa, cujas definições de suas espécies (microempresa e empresa de pequeno porte) encontram-se previstas no Decreto Federal n° 5.028, de 31/03/2004. Estas empresas, preenchidos os requisitos do seu enquadramento, comunicarão essa situação, para fins de registro, nos termos estabelecidos, já na época, pelo art. 4º, da Lei n° 9.841/99.

ENCAMINHAMENTO DOS ATOS PARA REGISTRO

Quanto ao encaminhamento dos atos necessários para o *registro*, o art. 1.151 do Código Civil, a exemplo do que já fazia o art. 36 da Lei n° 8.934/94, fixa um prazo de 30 (trinta) dias, contados a partir da lavratura dos atos respectivos, para que os documentos necessários sejam apresentados perante o Órgão competente para tal. Esta iniciativa de encaminhamento cabe, em princípio, ao empresário ou aos administradores da sociedade, mas, no caso de omissão ou demora, o *caput* do art. 1.151 do CC admite que a iniciativa seja adotada por outro sócio ou qualquer interessado, quando então os que se encontravam, *ab initio*, responsáveis pelo requerimento, poderão responder por perdas e danos, conforme também estatuído no art. 1.151, § 3°, do Código Civil. Destas hipóteses, duas conseqüências diversas poderão advir:

a) atendido corretamente o prazo fixado, os efeitos jurídicos retroagirão à data da celebração do ato ou instrumento; e

b) no caso de o documento ser apresentado para registro, com o seu respectivo protocolo, posteriormente a esse prazo, os efeitos jurídicos somente serão produzidos a partir da concessão ou deferimento do arquivamento ou averbação.

FUNÇÃO DO REGISTRO E CONSEQÜÊNCIAS PRÁTICAS

Conforme se pode depreender das vezes em que se aludiu à necessidade de *registro*, a finalidade deste é a de levar ao conhecimento do público em geral – mormente daqueles que pretendam estabelecer relações negociais com o empresário ou com a sociedade, independentemente de que ordem se trate –, todo e qualquer fato que lhes possa interessar, e que diga respeito à sua situação financeira, bem como, para não se dizer principalmente, contratual, inclusive no que se refere aos compromissos assumidos.

A este respeito, assim como o Código Civil – que estabelece genericamente quais sejam as funções –, o art. 1° da Lei n° 8.934/94 é ainda mais claro acerca do tema, estabelecendo que as *finalidades do registro* são as seguintes:

a) dar garantia, publicidade, autenticidade, segurança e eficácia aos atos jurídicos das empresas mercantis, submetidos a registro na forma da lei;

b) cadastrar as empresas nacionais e estrangeiras em funcionamento no País e manter atualizadas as informações pertinentes; e

c) proceder à matrícula dos agentes auxiliares do comércio, bem como ao seu cancelamento.

Verificadas as finalidades do registro, podemos mencionar que decorrem do mesmo uma série de conseqüências práticas, algumas delas mencionadas, dentre outros, por Celso Marcelo de Oliveira, e que podem ser sintetizadas da seguinte forma:

a) nenhum sócio pode dispor do capital em uso próprio, pois se assim agir estará cometendo um furto ou apropriação indébita, conforme a hipótese;

b) o patrimônio da sociedade constitui-se em uma garantia dos seus credores, inclusive no que se refere à intangibilidade no que diz respeito aos credores dos sócios;

c) a sociedade exerce a sua atividade em nome próprio, distinto do de seus sócios, podendo defendê-lo contra quem tente usurpá-lo;

d) a sociedade possui um domicílio próprio, onde deverá, por exemplo, ser citada quando demandada;

e) a sociedade registrada poderá, até mesmo, estar em juízo em face dos próprios sócios, sempre que existirem interesses conflitantes entre eles (a pessoa jurídica da sociedade *versus* a pessoa natural de algum sócio, ou,até mesmo, vários deles). À guisa de exemplificação, podemos mencionar as questões relativas a reembolso dos danos sofridos em conseqüência de negligência do sócio. Mas também poderá dar-se o inverso, ou seja, a sociedade ser acionada, *v.g.* para fins de pagamento dos dividendos; e

f) o devedor à sociedade não poderá, por exemplo, eximir-se do pagamento da obrigação, opondo, para tal, algum crédito que possua relativamente à pessoa de algum dos seus sócios, uma vez que a *dívida de um sócio* não representa *dívida da sociedade.*

ATOS SOCIETÁRIOS PRECEDIDOS PELA PUBLICIDADE

Conforme aludimos no princípio deste Capítulo, o CC apresenta uma série de menções a atos que deverão ser publicados. Mas, além disto, também temos, em nosso novo Código Civil, uma série de atos que, ao invés de serem encaminhados, após a realização, à sua publicidade, além de um grande número de atos que deverão ser publicados antes de sua própria realização.

A título de uma melhor sistematização, inclusive para facilitar o estudo da matéria, citamos, nesta oportunidade, os principais casos previstos sobre o Direito de Empresa no Código Civil:

a) convocação dos sócios para a assembléia (CC, art. 1.152, § 3º);

b) ata da assembléia que deliberar sobre a redução do capital da sociedade limitada (CC, art. 1.084, § 1º);

c) da ata, sentença ou do instrumento de dissolução da sociedade (CC, art. 1.103, inciso VI);

d) dos atos relativos à incorporação, fusão ou cisão de sociedades, assegurando-se, em casos que tais, a possibilidade de anulação (CC, art. 1.122);

e) do Decreto do Poder Público que permite o funcionamento de sociedades nacionais dependentes de autorização, bem como no que se refere às estrangeiras (CC, art. 1.124);

f) relativamente ao requerimento de autorização de funcionamento da sociedade nacional, quando for o caso (CC, art. 1.131);

g) do balanço patrimonial e do resultado econômico de sociedade estrangeira autorizada a funcionar no País (CC, art. 1.152, § 2º); e

h) do contrato de transferência do estabelecimento empresarial (CC, art. 1.144).

Lembramos ainda que, a menos que se especifique, em determinado dispositivo legal, a publicação em órgãos da imprensa oficial, exige-se, para os demais casos, que a publicação também se dê em jornal particular de grande circulação, considerando-se a regra contida no art. 1.152, § 1º, do Código Civil.

DICAS

Embora não se trate da matéria referente a este Capítulo, para os interessados em uma análise acerca das microempresas e empresas de pequeno porte, recomendamos a leitura da Lei Complementar nº 123/2006, que entrou em vigor no dia 01/07/2007. Além desta norma, faz-se necessária também uma verificação no que dispõem, por exemplo, as Leis nºs. 9.841/99 e 10.684/2003.

CAPÍTULO 28

NOME EMPRESARIAL

INTRODUÇÃO

Um tema que apresenta grande relevância no Direito de Empresa é, sem dúvida alguma, aquele concernente ao nome da empresa. Isto porque, por exemplo, os que exercem atividades empresariais, sejam pessoas naturais ou jurídicas, necessitam de um nome para fins de identificá-las, de maneira a torná-las conhecidas, e, principalmente, para diferenciá-las das outras sociedades existentes.

O *nome empresarial*, assunto do qual trataremos neste Capítulo, constitui-se no elemento ou atributo essencial para fins de identificação, e, como tal, representa um gênero cujas espécies dizem respeito, em sua essência, à *firma ou razão social* e a *denominação*. No que se refere à *razão social*, esta expressão foi retirada do texto previsto estabelecido no Código Civil atual, diante do entendimento no sentido de se tratar de um mero sinônimo da *firma*.

Há muitos anos atrás, utilizava-se a expressão *nome comercial*, que somente veio a ser substituída pela atual (*nome empresarial*) com o advento da Lei n° 8.934/94.

A matéria atualmente encontra-se regulada, em nosso novo Código Civil, em seus artigos 1.155 a 1.168.

CONCEITO DE *NOME EMPRESARIAL*

Em primeiro lugar, devemos mencionar o fato de que a doutrina vem observando uma natureza conceitual no art. 1.155 do Código Civil, quando este estabelece que se considera nome empresarial a firma ou a denominação adotada, de conformidade com o Capítulo ora estudado, para os fins de exercício da empresa. O seu parágrafo único determina a equiparação ao nome empresarial, para os efeitos da proteção legal, a denominação utilizada pelas sociedades simples, associações e fundações. Neste último caso – previsto no art. 1.155, parágrafo único, do Código Civil –, fica claro que os respectivos nomes não poderão receber quaisquer adendos, tais como nomes diferentes ou de fantasia.

O nome empresarial vem gerando sérios debates quanto à sua natureza, pois além de se constituir, para muitos doutrinadores (*v.g.* Pontes de Miranda), em um direito de personalidade – o que, inclusive, possibilita a participação da sociedade em suas atividades –, encerraria, igualmente, segundo uma outra parcela da doutrina (*v.g.* Clóvis Beviláqua), um direito de propriedade da empresa, uma vez que possui valor patrimonial ou econômico, conforme se depreende, por exemplo, do fato de estar sujeito a registro perante o Instituto Nacional de Propriedade Industrial, não obstante esteja proibida a sua alienação, por força do contido no art. 1.164, *caput*, do Código Civil, que estabelece: "O nome empresarial não pode ser objeto de alienação". A questão ainda se apresenta bastante controvertida, mormente porque o art. 34 da Lei n° 8.934/94, por exemplo, estabelece que o nome empresarial deverá atender aos princípios da *veracidade* e da *novidade*, enquanto que, por outro lado, o próprio nome empresarial não é imutável, podendo ser modificado, em diversas hipóteses, durante a existência legal da empresa.

A respeito dos dois princípios aludidos, Fábio Ulhoa Coelho afirma que:

a) o princípio da veracidade proíbe a adoção de nome que veicule informação falsa sobre o empresário a que se refere; e

b) o princípio da novidade impede a adoção de nome igual ou semelhante ao de outro empresário.

Assim, verifica-se que o objetivo, quanto à aplicação dos princípios apontados nas letras anteriores, justifica-se à medida em que representa uma coibição da concorrência desleal, além de trabalhar em favor da preservação da reputação quanto aos empresários, junto aos seus fornecedores e financiadores.

SIGNIFICADO DE *FIRMA* E *DENOMINAÇÃO*

Conforme já se pode observar, até mesmo em virtude dos estudos a que já procedemos a respeito das espécies de sociedades, existem diferenças entre a *firma* e a *denominação*. Fran Martins, por exemplo, esclarece que será o nome chamado de firma ou denominação levando-se em conta o grau de responsabilidade assumida perante terceiros, seja pelo comerciante ou seja pelas pessoas que integram a sociedade comercial. Assim é que, em se tratando de uma sociedade onde se observe a responsabilidade ilimitada, ter-se-ia, segundo o aludido autor, uma firma; se os sócios das sociedades comerciais limitam, contudo, a sua responsabilidade a ponto de não se comprometerem senão pelas importâncias com as quais entram para o capital da sociedade, estas somente poderão utilizar-se da denominação ou nome de fantasia.

Contudo, mais uma vez nos valemos das exceções para afirmar que, embora o critério apresentado pelo Professor Fran Martins seja bastante útil na prática – inclusive se considerarmos a sua influência para a redação contida no art. 1.157, *caput*, do Código Civil –, este apresenta-se com o seu uso genérico um pouco prejudicado, uma vez que, por exemplo, as sociedades limitadas poderão ter seu nome empresarial por firma ou por denominação, nos termos do art. 1.158, *caput*, do Código Civil.

Quando o art. 1.156 do Código Civil determina que o empresário (individual) deverá adotar sempre a firma como nome empresarial, onde o nome pessoal, escrito por extenso ou de maneira abreviada, corresponderia à sua firma, isto somente deu ensejo a mais discussões a respeito do tema, sobre o qual já se havia manifestado Rubens Requião, no período em que ainda se denominava o *nome empresarial* de *nome comercial*. Segundo o ensinamento de Rubens Requião, tratava-se – o que atualmente se denomina de nome empresarial – de uma expressão genérica, da qual decorreriam três espécies de designação:

a) *firma* individual;

b) *firma* social; e

c) *denominação*.

Dentro desta classificação, teremos então que o art. 1.156 do Código Civil está a tratar da primeira espécie, que, contudo, ainda recebendo o nome em comum (*firma*), não guardaria a mesma natureza da segunda hipótese (letra “b” supra). Isto porque, dentro de uma técnica mais apurada, a *firma individual* corresponderia ao *nome sob o qual o comerciante individual exerce o comércio*, e dela estaria tratando o referido art. 1.156 do CC. No entanto, e no que concerne à *firma social*, esta é apenas o *nome da sociedade*, e da qual estaria tratando o art. 1.157 do Código Civil. Assim, conforme bem explicitado por Marcus Elidius Michelli de Almeida, com base nos ensinamentos de João Eunápio Borges, "afasta-se, pois, a confusão muito generalizada e comum entre *firma* e *sociedade*. Sociedade não é sinônimo de firma. A sociedade tem, ou pode ter, firma, mas não é por si só uma firma."

Analisemos, então, sucintamente, cada uma das hipóteses aludidas nas letras "a", "b" e "c" supra.

A) *FIRMA* INDIVIDUAL

Nos termos do art. 1.156 do Código Civil, "o empresário opera sob firma constituída por seu nome, completo ou abreviado, aditando-lhe, se quiser, designação mais precisa de sua pessoa ou do gênero da atividade". O adendo aí autorizado objetiva principalmente estabelecer uma distinção entre ele e possíveis outros empresários homônimos.

Assim, por força de lei, nenhum comerciante individual tomará para a sua *firma* senão o seu próprio nome (não um pseudônimo, mas de seu nome civil). Desta maneira, um empresário que atue na forma do art. 1.156 do CC, e que se chame José Silva Santos, por exemplo, poderá adotar, em princípio, uma das seguintes variantes:

- José Silva Santos
- José S. Santos
- J.S. Santos
- J. Silva Santos

Até aí, nada de fantasias, complementos ou qualquer outra coisa do gênero. Também não lhe será permitido, em tese, a utilização apenas das iniciais, inclusive porque isto eleva quase ao infinito a possibilidade de conflitos com outros empresários. No entanto, deve-se admitir o fato de que ele não será possivelmente o único José Silva Santos a possuir "firma individual". Em casos que tais, e existindo homônimos usando as variáveis, e que, *v.g.* sejam donos de um botequim, uma barbearia, etc, e exercendo, o José Silva Santos do exemplo, atividade de uma pequena alfaiataria, será então possível estabelecer-se a distinção, quando então os arts. 1.156 e 1.163, ambos do Código Civil, possibilitam uma menção extra, que poderia ser "José S. Santos, alfaiate".

B) *FIRMA* SOCIAL

Da *firma* social tratam os arts. 1.157 (de maneira genérica) e o 1.158 (relativamente à faculdade que possuem as sociedades limitadas), ambos do Código Civil.

Segundo o art. 1.157 do CC, quando a sociedade for constituída sob o tipo em que existirem sócios de responsabilidade ilimitada, esta deverá adotar uma *firma social*, onde também estará designado, por extenso ou abreviadamente, o nome (ou nomes) de cada um dos sócios que estão diretamente ligados à responsabilidade ilimitada ali observada. Desta maneira, pode-se afirmar que a firma social serve também para fins de identificação dos sócios que, por exemplo, respondem pela sua administração, conforme já tivemos a oportunidade de observar quando da análise das espécies societárias em diversos Capítulos deste mesmo Volume.

Aos seus nomes, os sócios deverão acrescentar a expressão "e companhia", ou usar da sua abreviatura para fazer constar "e Cia." ou "& Cia.", e, além dessa identificação legalmente exigida, poderão também mencionar alguma referência ao ramo de atividade ou tipo de negócio que explora.

Como se amplia, e muito, o número das variáveis em casos que tais, vamos mencionar apenas alguns exemplos de firmas para uma sociedade entre o José Silva Santos e um novo sócio, o Pedro Santos (além do Antônio Silva, que, *in casu*, seria o único com responsabilidade limitada):

- José S. Santos, Pedro Santos e companhia;
- J. S. Santos, P. Santos e Cia.;
- Santos e Santos & Cia.

Observe-se, a respeito, que o nome do Antônio Silva não poderá constar da firma, considerando-se o fato de que a sua responsabilidade não é ilimitada, e, caso constasse, seria de se lhe aplicar o que estabelece o art. 1.157, parágrafo único, do Código Civil, quando, então, o Antônio Silva passaria a ser responsável de maneira solidária e ilimitada.

Uma outra observação importante, a respeito do tema, é que a palavra companhia deve vir ao final, uma vez que, caso venha no princípio, isto caracterizará uma sociedade anônima, considerando-se o que a respeito consta do art. 1.160 do Código Civil. Como exemplo, podemos mencionar a "Companhia Brasileira de Bebidas Quentes".

No que se refere às sociedades limitadas que optarem pela *firma*, a palavra que deverá constar é a "limitada" ou a sua forma abreviada "Ltda.".

C) DENOMINAÇÃO

A *denominação* representa, na realidade, uma criação do intelecto humano, pois, ainda que se prefira mencionar o nome de algum sócio em casos que tais, este será considerado como um nome de fantasia, razão pela qual, se, por exemplo, o sócio cujo nome foi citado na denominação um dia resolver sair da sociedade, isto não significa que a mesma deverá necessariamente modificar o seu nome empresarial em razão disto. O contrário ocorreria nos casos de firma, quando então o art. 1.165 do Código Civil estabelece que, se o sócio vier a falecer, for excluído ou se retirar, não poderá ter o seu nome conservado na firma social.

Na denominação de uma sociedade poderá indicar-se o tipo ou o objetivo para a qual a própria sociedade foi constituída. Isto, embora não se constitua em uma exigência (portanto em um caráter obrigatório), representa, contudo, um fator de significativa importância a partir do instante em que permite, a um cliente, a ciência do objeto da atividade que exerce a sociedade, ou, ainda, de um produto que a mesma fabrica. No entanto, conforme menciona Plácido e Silva, a denominação não pode ser confundida com a marca comercial, pois que esta última designa ou individualiza o produto ou a mercadoria, não a sociedade em si.

Operarão necessariamente sob a forma de denominação, dentre outras, a sociedade cooperativa (art. 1.159 do CC) e a sociedade anônima (art. 1.160 do CC). Será facultado o uso de denominação no que concerne às sociedades limitadas (art. 1.158 do CC) e às sociedades em comandita por ações (CC, art. 1.161).

DICAS

Sobre o tema relacionado ao nome empresarial, é importante observar que o art. 1.162 do Código Civil estabelece expressamente que a sociedade em conta de participação não pode ter firma ou denominação. A razão é muito simples, pois, conforme estudamos no Capítulo 05 deste Volume, trata-se, *in casu*, de uma sociedade não personificada, e, se a mesma não possui personalidade jurídica, não poderá, como conseqüência lógica, possuir nome empresarial.

CAPÍTULO 29

FIGURA JURÍDICA DO PREPOSTO

CONSIDERAÇÕES INICIAIS

O empresário, como regra, não atua sozinho quando objetiva exercer as atividades concernentes ao objeto da empresa. Para tal, este se utiliza do auxílio de diversos profissionais, das mais variadas áreas de atuação, e que também atuam em nome da empresa ou sociedade, ou que por ela agem na realização e cumprimento de diversos atos. E essa atuação guarda uma relação direta com o art. 116 do Código Civil, quando este dispositivo afirma que a manifestação de vontade pelo representante, nos limites de seus poderes, produz efeitos em relação ao representado.

Pelo exposto, já se pode verificar que a função ou atividade exercida pelo preposto contém uma dose de mandato, quando então se observa a figura da representação. No entanto, e conforme oportunamente aludido por Arnaldo Rizzardo, não se trata propriamente do mandato, uma vez que, enquanto neste (mandato) os poderes de representação vão conferidos para determinada *pessoa*, na preposição o que se verifica é a existência de *cargos* que importam em representação, em um agir em nome da empresa, sem que tenha a mesma importância – relativamente ao mandato – a pessoa em si que está exercendo os poderes decorrentes de uma preposição.

Quanto à figura do preposto em termos normativos, na época em que se aplicava, à matéria, o Código Comercial, os prepostos eram conhecidos como agentes auxiliares do comércio, e encontravam-se contidos nas regras previstas em seus artigos 74 a 86. O Código Civil anterior (1916) não possuía normas correspondentes ao que estabelece o novo Código Civil, em seus artigos 1.169 a 1.177, onde se verifica a denominação de preponente àquele que concede poderes ao preposto (*v.g.* no artigo 1.171 do CC).

No estudo da matéria referente ao presente Capítulo, e por uma questão de natureza metodológica, dividiremos a nossa abordagem em três tópicos, seguindo a mesma linha adotada pelo Código Civil, que repartiu a matéria em três Seções. Antes, porém, vamos conceituar os prepostos, a exemplo do que fez Ricardo Fiuza, como sendo aqueles que, de uma forma geral, são os colaboradores permanentes ou temporários da empresa, com ou sem vínculo empregatício – questão bastante controvertida na jurisprudência, tanto de natureza civil quanto no que diz respeito à trabalhista – a quem são delegados certos poderes de representação e atuação, em nome da empresa, perante terceiros.

DISPOSIÇÕES GERAIS

Esta parte do Código Civil inicia-se com a proibição, ao preposto, de fazer-se substituir no desempenho da preposição, sem uma autorização escrita, sob pena de, em assim procedendo, sujeitar-se pessoalmente pelas obrigações e atos relativos ao seu substituto. Tal regra em muito se assemelha à vedação que já se encontrava estabelecida no art. 85 do Código Comercial, o que significa que, há mais de um século, se reconhece à figura do preposto, pelo menos em princípio, uma natureza personalíssima, embora diversa daquela observada, por exemplo, no contrato típico de mandato, apesar da semelhança observada entre as duas espécies.

Mas, se o art. 1.169 do CC não permite a substituição do preposto por outra pessoa, ressalvando apenas a hipótese em que haja autorização escrita, o art. 1.170 do Código Civil vai mais além, ao estabelecer que o preposto – também com a ressalva de poder fazê-lo quando possuir autorização expressa para tal – não poderá negociar, por contra própria ou de terceiro, nem participar, ainda que de uma maneira indireta, de operação do mesmo gênero da que lhe foi cometida. E, na hipótese de assim proceder, estará sujeito a responder por perdas e danos, além da possibilidade que se reconhece, em casos que tais, ao preponente, de lhe reter, sempre que possível for, os lucros da própria operação não autorizada. Este impedimento, quanto ao preposto poder praticar mesmos negócios ou atividades do seu preponente, objetiva, antes de mais nada, impedir uma concorrência direta entre o preposto e o próprio empresário preponente.

Acerca do tema, Ricardo Fiúza entende, por exemplo, que se deve dar uma extensão a este dispositivo legal, de maneira a também abranger, em muitos casos, o administrador da sociedade, pois, segundo alega, não haveria sentido algum em a proibição atingir quem é mero preposto da sociedade e não alcançar o seu gestor. A este respeito, parece-nos que a extensão pretendida por Fiuza já é possível, não por conta de se aplicar, ao gestor, o art. 1.170 do Código Civil, uma vez que este é expresso quanto à figura do *preposto*, mas sim por causa do permissivo legal existente no art. 119 do mesmo Código Civil, que assim dispõe: "É anulável o negócio concluído pelo representante em conflito de interesses com o representado, se tal fato era ou devia ser do conhecimento de quem com ele tratou".

À guisa de ilustração, nas situações que se caracterizam como relações de emprego, a prática dessa concorrência ilícita, por não autorizada, dará ensejo à dispensa por *justa causa* do empregado com fulcro no que estabelece o art. 482, "c", da Consolidação das Leis do Trabalho, que caracteriza tal prática como "negociação habitual por conta própria ou alheia sem permissão do empregador, e quando constituir ato de concorrência à empresa para a qual trabalha o empregado, ou for prejudicial ao serviço".

Concluindo a parte referente à sua Seção I do Capítulo referente aos prepostos, o Código Civil dispõe, em seu art. 1.171, considerar-se perfeita a entrega e papéis, bens ou valores ao preposto, encarregado pelo preponente, se os recebeu sem protesto, salvo nos casos em que haja prazo para reclamação. Para este dispositivo, vem-se dando interpretações doutrinárias completamente diversas, a saber:

a) segundo alguns doutrinadores – Ricardo Fiuza, por exemplo – o autor da entrega seria o preponente, o titular da empresa de quem o outro é preposto. Por isto que, analisando o dispositivo, o mencionado autor afirma que "o preposto, ao receber do preponente, titular da empresa, documentos, bens ou valores para o exercício das atividades a ele delegadas, poderá contestar ou protestar contra tal entrega, se for cometida além de suas atribuições e responsabilidades";

b) para outros escritores – *v.g.* Arnaldo Rizzardo – o autor da entrega, de que trata o mesmo art. 1.171 do Código Civil, é um terceiro, conforme se depreende da seguinte passagem: "Tem-se como perfeita a entrega se efetuar-se para o preposto encarregado pelo preponente. Admite-se, porém, prova de que o terceiro, isto é, o entregador, estava ciente de que a pessoa que recebeu os documentos carecia de poderes para tanto, o que dificilmente acontece".

Com a devida vênia de Ricardo Fiuza, mas entendemos estar com a razão Arnaldo Rizzardo, bem como, por exemplo, Arnoldo Wald, que perfilha a mesma tese de Rizzardo. Isto porque o dispositivo parece estar voltado para servir como uma garantia e proteção de terceiros de boa-fé, uma vez que – conforme já tivemos a oportunidade de analisar em outra Unidade – concretizada alguma entrega, e na hipótese de ausência de ressalva ou de prazo contratual específico sobre o tema, esta será considerada como aperfeiçoada, consoante se verifica na redação do art. 445 do Código Civil.

DO GERENTE

No que concerne à figura do gerente, este normalmente possui poderes de comandar ou administrar alguns aspectos ou setores inteiros da sociedade, razão pela qual se costuma afirmar que o gerente ocupa uma posição de destaque na "escala de prepostos".

A respeito deste profissional, o art. 1.172 do Código Civil preferiu conceituá-lo como "o preposto permanente no exercício da empresa, na sede desta, ou em sucursal, filial ou agência". Com isto, modifica-se uma prática antiga onde se denominava de gerente o sócio da empresa que exercesse poderes de mando – e que agora passa a ser normalmente conhecido como o administrador ou diretor –, sendo agora de melhor técnica chamar-se de gerente apenas o agente subordinado aos administradores ou ao titular da firma individual – normalmente com vínculo empregatício –, mas que possui grande ascendência relativamente aos demais colaboradores da empresa onde exerce as suas funções.

Corroborando o que afirmamos no parágrafo anterior, o art. 1.173, *caput*, do Código Civil afirma que, salvo quando a lei exigir poderes especiais, o gerente será considerado como autorizado a praticar todos os atos necessários ao exercício dos poderes que lhe foram outorgados. À ressalva feita no que concerne à lei exigir poderes especiais, pode-se mencionar, à guisa de ilustração, a situação referente a processos de licitação pública, nos termos da Lei n° 8.666/93, ou, ainda, às matérias previstas no art. 661, § 1° do Código Civil.

Complementando, o tema sobre uma análise de situações que envolvam dois ou mais gerentes, o parágrafo único do art. 1.173 do Código Civil determina que, em regra, serão poderes solidários na hipótese de serem igualmente conferidos a esses outros gerentes.

Uma coisa, contudo, deve ser observada sempre: a delegação encontra-se diretamente vinculada a limites em sua área de atuação. Não obstante isto, é possível que venha a ocorrer situações em que o gerente comercial de um estabelecimento, por exemplo, se alce em poderes para atuar e decidir no setor de investimentos ou de empréstimos, e daí poderão surgir dúvidas sobre se essas áreas estarão, ou não, sujeitas à ingerência que se lhes quis dar. Assim, com o intuito de não se dar azo a grandes discussões sobre a autonomia nas decisões em casos que tais, o art. 1.174 do Código Civil veio tornar obrigatório o arquivamento, bem como a averbação do instrumento de mandato referente aos gerentes, junto ao Registro Público de Empresas Mercantis, quando, a partir de então, os limites dos poderes conferidos poderão ser opostos, por parte dos titulares das empresas, perante terceiros. Verifica-se a mesma exigência quanto à alteração ou revogação dos poderes concedidos a esses gerentes, consoante regra contida no parágrafo único do mesmo art. 1.174 do CC.

Finalmente, e ainda tratando da disciplina relativa aos gerentes no Código Civil, podemos aludir ao fato de que, com o claro intuito de se evitar subterfúgios no cumprimento das obrigações relativas à sociedade, o preponente, como é óbvio, deve responder assumindo os negócios e as conseqüências dos atos regularmente praticados pelos gerentes, ainda que realizados em nome destes últimos, mas que se deram por conta dele (preponente). Esta regra, prevista no art. 1.175 do Código Civil, poderia ser melhor sistematizada, uma vez que, não somente no que se refere aos gerentes, mas o preponente, na realidade, fica obrigado pelos atos de quaisquer prepostos, desde que praticados no limite em que lhes foram concedidos os poderes.

Encerrando este tópico, o art. 1.176 do CC afirma que o gerente pode estar em juízo em nome do preponente, pelas obrigações resultantes do exercício da sua função. Sobre o tema, é importante que se observe o seguinte: este dispositivo, ao contrário do que se possa imaginar – por parecer tratar-se de situação envolvendo um poder genérico de representação –, não abrange, entretanto, autorização, por exemplo, para que o gerente nomeie os advogados que atuarão na causa, salvo quando este poder estiver previsto em instrumento de mandato ou documento semelhante.

DO CONTABILISTA E OUTROS AUXILIARES

O contabilista é o preposto responsável pela escrituração contábil de uma sociedade / empresa, função que é exercida por um contador ou técnico contábil, neste último caso envolvendo as raras situações, ainda encontradas na prática, onde isto se dá por força do Decreto-lei n° 806/69 e Decreto n° 66.408/70. Salvo nos casos em que reste demonstrada a prática de má-fé, por parte destes profissionais, os livros e documentos de escrituração da empresa consideram-se como se fossem realizados pelo próprio preponente. E, por força do art. 1.177, parágrafo único, do Código Civil, os prepostos, relativamente ao exercício de suas funções, são pessoalmente responsáveis, perante os preponentes, sempre que se verificarem atos culposos praticados por aqueles, e, na hipótese de agirem dolosamente perante terceiros, esses mesmos prepostos serão solidariamente responsáveis junto com o preponente em casos que tais.

Por força do art. 1.178 do Código Civil, os preponentes são responsáveis pelas práticas dos seus prepostos, observadas dentro de seus estabelecimentos e relativas à atividade empresarial, mesmo quando não os tenha autorizado por escrito para tal. Nestas situações, conforme assevera Arnaldo Rizzardo, existe um pressuposto de que, no interior do estabelecimento, existe a possibilidade de uma fiscalização direta pelo preponente, o que lhe permite evitar a prática de determinadas condutas que se apresentem como exorbitantes.

E, nos casos de atos praticados fora do estabelecimento, faz-se mister, por determinação expressa do parágrafo único do mesmo art. 1.178 do CC, a existência de poderes escritos para tal, quando, somente diante da verificação desse instrumento, é que se poderá responsabilizar o preponente.

Conforme se observa do sentido do art. 1.178 do Código Civil, este adota, em alguns casos, a teoria dos atos *ultra vires*, o que importa em se reconhecer nulidades quanto aos atos praticados por prepostos sem poderes. No entanto, trata-se de situação muito polêmica, uma vez que, consoante a lembrança feita por Arnoldo Wald, "a jurisprudência é uníssona no sentido de não se aplicarem tais restrições, em atenção à teoria da aparência". Torna-se mister, então, que se dê a necessária mitigação na aplicação do dispositivo supramencionado, para o que se deverá sempre analisar o caso concreto.

CAPÍTULO 30

ESCRITURAÇÃO

INTRODUÇÃO

Embora de maneira mais primitiva, desde os primórdios da atividade mercantil organizada, o comerciante / empresário sempre sentiu uma necessidade de possuir o controle da sua atividade negocial, tanto para os fins de aferir o seu lucro decorrente da diferença entre a compra e venda de mercadorias, quanto no que diz respeito principalmente às anotações dos créditos a receber.

Até os dias atuais, principalmente nas cidades de menor porte, mas também em vários bairros das grandes cidades, ainda continua a existir a famosa "cadernetinha", onde o vendedor efetua as anotações dos valores devidos relativamente a quem lhe compra "fiado".

Desta necessidade de fato, a que aludimos nos parágrafos anteriores, o sistema evoluiu para o que, já há alguns séculos – no Brasil, por exemplo, a matéria já era regulada pelos artigos 10 a 20 do Código Comercial, que é de 1850 –, constitui-se na obrigação legal de se manter um sistema organizado de contabilidade e escrituração, que deve ser uniforme, atendendo-se aos requisitos intrínsecos e extrínsecos fixados na legislação.

Quanto aos sistemas legislativos de escrituração, os países adotam, cada um deles, as suas próprias regras. No entanto, até mesmo como um elemento de facilitação dos negócios, pode-se afirmar que, de uma maneira geral, as legislações instituem três sistemas básicos de escrituração, que podem ser assim sintetizados:

a) *sistema francês* – onde a lei impõe o número de livros obrigatórios, a denominação e as regras de escrituração. Como exemplos de países que adotam este sistema, podemos citar o Brasil e a Espanha;

b) *sistema suíço* – adotado, por exemplo, pela Inglaterra, onde a lei obriga o empresário a ter livros, mas deixa a espécie destes e o método de escrituração livres; e o

c) *sistema germânico* – em que a lei impõe certos livros obrigatórios, mas libera o método de escrituração, *v.g.* na própria Alemanha.

Conforme se pode observar da classificação acima, o Brasil utiliza-se – não obstante o contido, *v.g.* no art. 1.179, § 1º, do Código Civil –, do sistema mais rígido dentre os três mais adotados. A sua rigidez, contudo, não é suficiente para se evitar as notícias diárias – que, lamentavelmente, dizem respeito a fatos reais – nos jornais, a respeito de golpes e escândalos financeiros.

Neste Capítulo, iremos tratar da *escrituração* normatizada pelo Código Civil vigente, e que estabelece obrigações que são comuns aos diversos empresários e sociedades empresárias.

DA *ESCRITURAÇÃO* NO CÓDIGO CIVIL VIGENTE

O novo Código Civil estabelece, mormente em seus artigos 1.179 a 1.195, uma série de obrigações comuns às diversas espécies de sociedades empresárias e de empresários, sendo as principais delas as seguintes:

a) inscrever-se no registro antes do início de suas atividades (art. 967 do CC);

b) escriturar regularmente os livros obrigatórios de acordo com um sistema de contabilidade, mecanizado ou não, em correspondência com a documentação respectiva (CC, art. 1.179, *caput*); e

c) levantar anualmente o balanço patrimonial e o de resultado econômico (CC, art. 1.179, *caput*).

No que se refere ao art. 1.179 do Código Civil, além das disposições apontadas nas letras “b” e “c” supra, o mesmo ainda estabelece, em seu § 1º, que o livro Diário é o único obrigatório para todos os tipos de sociedades e atividades empresárias, e, quanto aos demais livros, estes serão utilizados a critério dos interessados, sempre que estes outros livros não forem obrigatórios em virtude de assim disciplinarem outras normas especiais. Isto se depreende da leitura do art. 1.179, § 1º c/c o art. 1.180, *caput*, ambos do Código Civil.

Torna-se também importante mencionar, ainda a respeito do art. 1.179 do Código Civil, a exceção contida em seu segundo parágrafo, quando afirma estar dispensado das exigências, estabelecidas pelo mencionado artigo, o pequeno empresário a que se refere o art. 970 do Código Civil. Isto se justifica porque, por força do art. 7º, § 1º, da Lei nº 9.317/96, este poderá fazer uso de uma contabilidade simplificada, desde que mantenha uma escrituração organizada e lançamentos nos livros *caixa* e de *registro de inventário*. Assim, percebe-se que o Código Civil apresentou uma preocupação expressa em excluir aquela situação, o que foi feito em seu já mencionado art. 1.179, § 2º.

Relativamente ao informado nos dois parágrafos anteriores, manteve-se, assim, a clássica distinção doutrinária que se faz entre:

a) os livros *obrigatórios*, que correspondem àqueles cuja escrituração é imposta ao empresário, sendo que a sua ausência acarretará sanções de diversas ordens, inclusive de natureza penal; e

b) os livros *facultativos*, assim entendidos como os que são escriturados, pelos empresários e sociedades empresárias, com o intuito de se obter, com o seu uso, um maior controle sobre os negócios que estão sendo realizados, mas que, exatamente por se constituírem em uma mera faculdade, não acarretarão, em princípio, qualquer sanção. Afirmamos que "em princípio", pois, em caso de sua apreensão, por exemplo, por ordem judicial, e no caso de ali se constatar algum tipo de registro caracterizador de ilicitude, isto importará na adoção e prática para a aplicação das sanções cabíveis.

A) DOS REQUISITOS EXTRÍNSECOS DE ESCRITURAÇÃO

Quanto à forma de escrituração, e embora o Código Civil faça uma menção simplificada à escrituração mecanizada ou eletrônica, os lançamentos contábeis poderão ser feitos de uma série de maneiras distintas, até mesmo como decorrência da evolução observada na informática. Assim, por exemplo, por força da Instrução Normativa nº 102, de 25/04/2006, expedida pelo Departamento Nacional de Registro do Comércio, que substituiu a anterior Instrução Normativa nº 65/97, isto poderá verificar-se em:

a) livros em papel;

b) conjunto de fichas avulsas;

c) conjunto de fichas ou folhas contínuas;

d) livros em microfichas geradas através de microfilmagem de saída direta do computador (COM); e

e) livros digitais.

Dentre as espécies anteriormente aludidas, a grande novidade apresenta-se no que concerne à admissão dos livros digitais. Para estes, a Instrução exige que os mesmos deverão ser assinados por contabilista (observe-se, a respeito, o que consta do art. 1.182 do Código Civil), pelo empresário ou pela sociedade empresária, com certificação digital, de segurança mínima tipo A3, de acordo com as regras do ICP Brasil. Estes livros deverão, ainda, ser igualmente autenticados pela Junta Comercial, com certificado digital de segurança mínima tipo A3, inserido em cada autenticação, além do selo cronológico digital. A transmissão dos dados às Juntas Comerciais, em casos que tais, deverá se dar via Internet, podendo, ainda, ser objeto de entrega em CD/DVD ou em *pen-drive*.

B) DOS REQUISITOS INTRÍNSECOS DE ESCRITURAÇÃO

A respeito dos requisitos intrínsecos de escrituração, o Código Civil estabelece, em seu art. 1.183, o modo como deverão ser efetuados os lançamentos nos livros contábeis da empresa. Assim, o seu *caput* estabelece que será feita em idioma e moeda corrente nacionais, e em forma contábil, por ordem cronológica de dia, mês e ano, sem intervalos em branco, nem entrelinhas, borrões, rasuras, emendas ou transportes para as margens. O parágrafo único do mesmo art. 1.183 complementa que "é permitido o uso de código de números ou de abreviaturas, que constem de livro próprio, regularmente autenticado".

DOS LIVROS

A) O DIÁRIO COMO LIVRO OBRIGATÓRIO COMUM

Nos termos do art. 1.180, *caput*, do Código Civil, além dos demais livros exigidos por lei, é indispensável o *Diário*, que pode ser substituído por fichas no caso de escrituração mecânica ou eletrônica.

Assim, com exceção, logicamente, dos pequenos empresários de que trata o art. 970 do CC, conforme já observamos, todos os demais empresários e sociedades empresárias deverão obrigatoriamente manter e escriturar o livro "*Diário*". Neste mencionado livro, "serão lançados, dia a dia, diretamente ou por reprodução, os atos ou operações da atividade mercantil, ou que modifiquem ou possam modificar a situação patrimonial do comerciante", conforme estabelece o art. 5º do Decreto-lei nº 486/69.

B) DOS LIVROS OBRIGATÓRIOS ESPECIAIS

Os livros obrigatórios especiais são aqueles de quem a lei, em determinados casos, e tendo em vista principalmente a natureza de determinada sociedade, exige a manutenção de livros específicos para o registro de seus atos e de certos fatos contábeis. Ricardo Fiúza, à guisa de exemplificação, menciona os livros estabelecidos pelos diversos incisos do art. 100 da Lei nº 6.404/76, relativamente às sociedades anônimas. Outros exemplos são apontados por Moema Augusta de Castro, e que são, dentre outros, os seguintes:

a) o livro "Entrada e Saída de Mercadorias", para os armazéns gerais, por força do art. 7º do Decreto nº 1.102/1903;

b) o livro "Balancetes Diários e Balanços" para os estabelecimentos bancários;

c) os livros "Diário de Entrada", "Diário de Saída" e o "Diário de Leilões", utilizados pelos leiloeiros, por exigência do art. 31 do Decreto nº 21.981/32.

Além daquelas situações que normalmente decorrem de espécie de atividade empresarial desenvolvida, tem-se, ainda, a questão relativa a determinados livros para o registro de operações fiscais. Assim, por exemplo, no que se refere à apuração do Imposto de Renda, o art. 260 do Decreto nº 3.000/99, tornou obrigatórios os seguintes livros: "Livro para Registro de Inventário" (relacionado a movimentações e estoques de mercadorias), "Livro para Registro de Entradas" (compras), "Livro de Apuração do Lucro Real – LALUR", "Livro para Registro Permanente de Estoque" (exigível das empresas de compra e venda, incorporação, loteamentos de imóveis e construção de prédios") e o "Livro de Movimentação de Combustíveis" (para os que exercem atividades com isto relacionadas). Quanto ao IPI, o Decreto nº 2.637/98 listou uma série de outros livros. As mesmas exigências de livros fiscais obrigatórios ocorrem quanto a outros impostos, *v.g.* o ICMS, ISSQN, etc...

C) LIVROS FACULTATIVOS

Quanto aos livros facultativos, podemos mencionar, como principais exemplos observados na prática, o tradicional livro "Caixa", que diz respeito às movimentações financeiras, entradas e saídas de dinheiro em espécie ou a ele equivalentes (cheques, por exemplo), e que é exigível para os pequenos empresários de que trata o art. 970 do Código Civil, isto por força da Lei Complementar n° 123/2006. Além deste livro, outros poderão ser utilizados para fins de facilitar o exercício e controle da atividade empresária, dentre os quais podemos mencionar: o "Conta Corrente", o livro de "Obrigações a Pagar", além do seu correspondente "Obrigações a Receber".

No que se refere aos que mencionamos no parágrafo anterior, esta enumeração é apenas exemplificativa, pois poderão ser escolhidos muitos outros que, a critério do empresário ou da sociedade empresária, atendam às suas necessidades negociais e empresariais, variando da mesma maneira que são diversas as atividades empreendidas.

DA GUARDA RELATIVAMENTE À ESCRITURAÇÃO

Por força do que estabelece o art. 1.194 do Código Civil, os empresários e as sociedades empresárias deverão manter, sempre em boa ordem e conservação, não somente os livros mercantis, mas também todos os documentos que instrumentalizaram os lançamentos na escrituração mercantil das empresas. Isto deverá verificar-se até que se operem a prescrição e a decadência no tocante aos atos neles consignados.

No que se refere às hipóteses de prescrição e decadência, a matéria, relativamente à hipótese ora examinada, encontra-se, de uma maneira geral, disciplinada nos arts. 205 a 211 do Código Civil vigente.

Em caso de extravio, deterioração ou destruição de livros mercantis, o empresário ou sociedade empresária deverão dar conhecimento geral do fato, utilizando-se, para tal, por exemplo, de publicação em jornal de grande circulação do local do estabelecimento onde isto ocorreu, além da necessária comunicação à Junta Comercial ao qual se encontra sujeito relativamente aos seus registros.

BIBLIOGRAFIA

ALPA, Guido e BESSONE, Mario. *Elementi di diritto privato.* Editori Laterza, Roma-Bari, 2001.

ALVES, Jones Figueiredo, *Novo Código Civil comentado / Ricardo Fiúza (coord.),* 4ª ed. atual., São Paulo: Saraiva, 2005.

ALVIM, Arruda e ALVIM, Thereza (coords.). *Comentários ao Código Civil brasileiro.* Rio de Janeiro: Forense, 2004.

AMORIM FILHO, Agnelo. *Critério científico para distinguir a prescrição da decadência e para identificar as ações imprescritíveis. In Revista dos Tribunais*, vol. 300, outubro/1960, pp.07-37.

ARAGÃO, Egas Dirceu Moniz de *et alli. Comentários ao Código de Processo Civil,* 10ª ed, Rio de Janeiro: Forense, 2005/2008.

ASCENSÃO, José de Oliveira. *Direitos Reais.* Coimbra, Almedina, 1978.

ASSIS, Araken de, *Resolução do contrato por inadimplemento*, 4ª ed. rev. e atual., São Paulo: Editora Revista dos Tribunais, 2004.

BANDEIRA DE MELLO, Celso Antônio . *Curso de Direito Administrativo*, 13ª ed., São Paulo: Malheiros Editores Ltda, 2001,

BARBOSA MOREIRA, José Carlos . *O novo processo civil brasileiro: exposição sistemática do procedimento,* 25ª ed. , Rio de Janeiro: Forense, 2007.

BEVILAQUA, Clovis, *Código Civil dos Estados Unidos do Brasil Comentado,* v.IV, 11ª ed., Rio de Janeiro: Livraria Francisco Alves – Editora Paulo de Azevedo, 1958.

BOBBIO, Norberto. *Teoria do ordenamento jurídico / trad.Maria Celeste C. L. dos Santos.* Brasília: Editora Universidade de Brasília. 7ª ed., 1996.

BULGARELLI, Waldirio . *As sociedades cooperativas e a sua disciplina jurídica*, Rio de Janeiro: Renovar, 1998.

CANOTILHO, José Joaquim Gomes. Direito Constitucional. 5ª ed. Coimbra: Almedina. 1991.

CAPPELLETI, Mauro . *La oralidad y las pruebas em el proceso civil / trad. Santiago Sentis Melendo.* Buenos Aires: Ediciones Juridicas Europa-America, 1972.

CARNELUTTI. Francesco. *Instituições do processo civil / trad. Adrián Sotero De Witt Batista.* 3 v., Campinas: Servanda, 1999.

_____. *Teoria geral do direito / trad. Antônio Carlos Ferreira.* São Paulo: Lejus, 1999

CARVALHO DE MENDONÇA, Manuel Inácio, *Contratos no Direito Civil Brasileiro,* v.II, 4ª ed., Rio de Janeiro: Edição Revista Forense, 1957.

CHIOVENDA, Giuseppe . *Instituições de direito processual civil,* 3 v., Campinas: Bookseller, 1998.

CIANCI, Mirna (coord.). *Prescrição no novo Código Civil: uma análise interdisciplinar* – São Paulo: Saraiva, 2005.

CINTRA, Antônio Carlos de Araújo; GRINOVER, Ada Pellegrini & DINAMARCO, Cândido Rangel. *Teoria Geral do Processo.* São Paulo: Malheiros Editores, 13ª ed., 1997.

COELHO, Fábio Ulhoa . *Curso de Direito Comercial,* v.3, 3ª ed. , São Paulo: Saraiva, 2002.

CRETELLA JÚNIOR, J. *Curso de direito romano: o direito romano e o direito civil brasileiro.* Rio de Janeiro: Forense, 21ª ed., 1998.

DE RUGGIERO, Roberto . *Instituições de direito civil / trad. Paolo Capitanio / atual. Paulo Roberto Benasse,* 3v., Campinas: Bookseller, 1999.

DIAS, José de Aguiar. *Da Responsabilidade Civil.* 4ª ed., Rio de Janeiro, Ed. Forense, 1960, vol. 2.

DIDIER JR., Fredie & MAZZEI, Rodrigo (coords) . *Reflexos do Novo Código Civil no Direito Processual* Salvador: JusPODIVM, 2006.

DINAMARCO, Cândido Rangel . *Instituições de direito processual civil,* 4 v., São Paulo: Malheiros Editores, 2005.

_____. *Fundamentos do processo civil moderno,* 4ª ed., São Paulo: Malheiros Editores, 2001.

DINIZ, Maria Helena . *Curso de Direito Civil brasileiro,* v. 3, 17ª ed., São Paulo: Saraiva, 2003.

_______. *Lei de Introdução ao Código Civil Brasileiro Interpretada.* São Paulo: Saraiva. 1994.

DURAND, Paul & JAUSSAUD, R. . *Traité de Droit du Travail,* T.II, Paris : Dalloz, 1950.

FERRAZ JR., Tércio Sampaio . *Teoria da norma jurídica.* Rio de Janeiro:Forense, 3ª ed., 1997.

FIÚZA, Ricardo (coord.). *Novo Código Civil comentado.* 4ª ed. atual., São Paulo: Saraiva, 2005.

FRANÇA, R. Limongi . *A irretroatividade das leis e o direito adquirido.* São Paulo: Saraiva, 6ª ed., 2000.

GOMES, Orlando . *Contratos*, Rio de Janeiro:Forense, 1996.

GOMES JR., Luiz Manoel . *Curso de direito processual civil coletivo.* Rio de Janeiro: Forense, 2005.

GONÇALVES, Carlos Roberto . *Coleção "Sinopses Jurídicas"*. São Paulo: Saraiva, 2007.

LACERDA, Galeno . *Teoria geral do processo.* Rio de Janeiro: Forense, 2006.

LARENZ, Karl . *Base del negocio jurídico y cumplimiento de los contratos / trad. Carlos Fernández Rodríguez.* Granada: Comares, 2002.

LIEBMAN, Enrico Tullio. *Processo de execução.* São Paulo: Saraiva, 5ª ed., 1986.

LOPES, João Batista. *A prova no direito processual civil.* São Paulo: Editora Revista dos Tribunais, 1999.

MARINONI, Luiz Guilherme. *A antecipação da tutela.* São Paulo: Malheiros Editores, 6ª ed., 2000.

MARMITT, Arnaldo . *A penhora.* Rio de Janeiro: Aide, 2ª ed., 1992.

MARQUES, Cláudia Lima. *Contratos no Código de Defesa do Consumidor: O Novo Regime das Relações Contratuais*, São Paulo, Ed. Revista dos Tribunais, 1992, 245 pp.

MAZZILLI, Hugo Nigro. *A Defesa dos Interesses Difusos em Juízo: Meio Ambiente, Consumidor e Patrimônio Cultural*, São Paulo, Ed. Revista dos Tribunais, 1988, 152 pp.

MARTINS, Fran. *Contratos e obrigações comerciais*, 7ª ed., Rio de Janeiro: Forense, 1984.

_______ . *Curso de direito comercial: empresa comercial, empresários individuais, microempresas, sociedades comerciais, fundo de comércio.* 31ª ed. Rio de Janeiro: Forense, 2007.

MONTEIRO, Jorge F. Sinde. *Estudos sobre a Responsabilidade Civil*, Coimbra, Ed. Almedina, 1983.

MOTA PINTO, Carlos Alberto da. *Teoria Geral do Direito Civil,* 3ª ed., Coimbra Ed., 1986.

NADER, Paulo . *Curso de direito civil,* v.3: Contratos, Rio de Janeiro: Forense, 2005.

NALINI, José Renato. O juiz e o acesso à justiça. São Paulo: RT, 1994.

NERY JUNIOR, Nelson. *Princípios do Processo Civil na Constituição Federal*, 8ª ed., São Paulo: Revista dos Tribunais, 2004.

NORRIS, Roberto. *Direito das Obrigações e Contratos.* Rio de Janeiro: GZ Ed., 2010.

_______ . *Emenda Constitucional n° 45 e as relações de trabalho no novo Código Civil,* Rio de Janeiro: Forense, 2006.

_______ . *Responsabilidade civil do fabricante pelo fato do produto.* Rio de Janeiro: Forense, 1996.

PEREIRA, Caio Mário da Silva . *Instituições de direito civil,* Rio de Janeiro, Forense, 2005/2006.

PLÁCIDO E SILVA, Oscar José. *Vocabulário Jurídico*, Rio de Janeiro: Ed. Forense, 1986.

PLANIOL, Marcel & RIPERT, Louis Marie A. Georges . *Traité practique de droit civil,* T.II, Paris, Picho et Auzis, 1952.

PONTES DE MIRANDA, Francisco Cavalcante. *Tratado da Ação Rescisória. / atualizado por Vilson Rodrigues Alves.* Campinas: Bookseller, 1998.

_____. *Comentários ao Código de Processo Civil / atualização legislativa por Sérgio Bermudes*. Rio de Janeiro: Forense, 1999.

RÁO, Vicente . *O direito e a vida dos direitos,* 3ª ed., 2v., São Paulo: Revista dos Tribunais.

REALE, Miguel, MARTINS FILHO, Ives Gandra, MENDES, Gilmar Ferreira & FRANCIULLI NETTO, Domingos (coords). *O novo Código Civil: estudos em homenagem ao professor Miguel Reale.* São Paulo: LTr, 2003.

RIZZARDO, Arnaldo . *Contratos*, Rio de Janeiro: Forense, 2005.

_____. *Direito de empresa: Lei n° 10.406, de 10.01.2002.* Rio de Janeiro: Forense, 2007.

_____. *Direito das obrigações: Lei n° 10.406, de 10.01.2002.* Rio de Janeiro: Forense, 3ª ed. , 2007.

_____. *Títulos de crédito: Lei n° 10.406, de 10.01.2002.* Rio de Janeiro: Forense, 2006.

SERPA LOPES, Miguel Maria de, *Curso de Direito Civil – Fonte das Obrigações:Contratos,* Rio de Janeiro, Biblioteca Jurídica Freitas Bastos, 5ª ed., 1999, v.IV.

SILVA, Ovídio Araújo Baptista da . *Curso de processo civil.* São Paulo: Editora Revista dos Tribunais, 3v., 4ª ed., 2000.

SILVEIRA, Paulo Fernando . *Devido processo legal (due process of law).* 3ª ed., Belo Horizonte: Del Rey, 2001.

TEIXEIRA, Sálvio de Figueiredo. *Comentários ao Novo Código Civil.* Rio de Janeiro: Forense, 2006/2007.

THEODORO JÚNIOR, Humberto . *Curso de Direito Processual Civil,* 3 v., 38ª ed., Rio de Janeiro: Forense, 2007.

WAMBIER, Luiz Rodrigues . *Sentença civil: liquidação e cumprimento,* 3ª ed., São Paulo: Editora Revista dos Tribunais, 2006.